MÉMOIRE ET RÉCONCILIATION

COMMISSION THÉOLOGIQUE
INTERNATIONALE

MÉMOIRE
ET RÉCONCILIATION

L'ÉGLISE
ET LES FAUTES DU PASSÉ

LES ÉDITIONS DU CERF
PARIS
2000

Traduit de l'italien par Janine Feller.
(29, boulevard La Tour-Maubourg
75340 Paris Cedex 07)

ISBN 2-204-06484-X

Note préliminaire

L'étude du thème : « L'Église et les fautes du passé » a été proposée à la Commission théologique internationale par son président, le cardinal Joseph RATZINGER, dans la perspective de la célébration du Jubilé de l'an 2000. Cette étude a été confiée à une sous-commission, composée du Rév. Christopher BEGG, de Mgr Bruno FORTE, qui en assurait la présidence, du Rév. Sebastian KAROTEMPREL, s. d. b., de Mgr Roland MINNETAH, du Rév. Thomas NORRIS, du R. P. Rafaël SALAZAR CARDENAS, m. sp. s., et de Mgr Anton STRUKELJ.

Les discussions générales sur le sujet ont nécessité de nombreuses réunions de la part de la sous-commission. Elles ont été également abordées lors des sessions plénières de la Commission théologique internationale qui se sont tenues à Rome en 1998 et 1999.

Le texte présenté ici a été approuvé *in forma specifica,* avec un vote écrit de la Commission. Il a été ensuite soumis à son président, le cardinal

Joseph RATZINGER, préfet de la Congrégation pour la doctrine de la foi, qui a donné son approbation pour la publication.

Introduction

La Bulle d'indiction de l'Année sainte de l'an 2000, *Incarnationis mysterium* (29 novembre 1998), indique parmi les signes « qui peuvent servir opportunément à vivre avec une plus grande intensité la grâce insigne du jubilé », la *purification de la mémoire*. Celle-ci consiste en un processus visant à libérer la conscience personnelle et commune de toutes les formes de ressentiment ou de violence, héritage des fautes du passé. Ce processus s'opère au moyen d'une évaluation historique et théologique renouvelée des événements en question qui conduit – si elle se révèle juste – à la reconnaissance correspondante de la faute ; s'ouvre alors un chemin réel de réconciliation. Un tel processus peut agir de manière significative sur le présent, car les conséquences des fautes passées font souvent ressentir leur poids et demeurent encore comme autant de tentations pour aujourd'hui.

Aussi la purification de la mémoire demande-t-elle « un acte de courage et d'humilité dans le fait de reconnaître les manquements accomplis par ceux qui ont porté et portent le nom de chrétiens ». Elle se fonde sur la conviction qu'« en raison du lien qui, dans le corps mystique, nous unit les uns aux autres, nous tous, même sans avoir de responsabilité personnelle et sans nous substituer au jugement de Dieu qui seul connaît les cœurs, nous portons le poids des erreurs et des fautes de ceux qui nous ont précédés ». Jean-Paul II ajoute : « En tant que successeur de Pierre je demande que, au cours de cette année de miséricorde, l'Église, forte de la sainteté qu'elle reçoit de son Seigneur, s'agenouille devant Dieu et implore le pardon des péchés passés et présents de ses fils[1]. » En répétant encore que « les chrétiens sont invités à se charger, devant Dieu et devant les hommes offensés par leurs comportements, des manquements qu'ils ont commis », le pape conclut : « Nous le faisons sans rien demander en échange, forts seulement de l'amour de Dieu qui a été versé dans nos cœurs[2] » (Rm 5, 5).

Les demandes de pardon faites par l'évêque de Rome dans un tel esprit d'authenticité et de gratuité ont suscité des réactions diverses : la confiance inconditionnelle que le pape a montrée dans la force de la vérité a généralement rencontré un accueil favorable, à l'intérieur comme à l'extérieur de la com-

1. *Incarnationis mysterium,* 11.

2. *Ibid.* Dans de nombreuses interventions et, notamment au numéro 33 de la lettre apostolique *Tertio millennio adveniente* (TMA), le pape avait déjà indiqué à l'Église le chemin à parcourir pour purifier sa propre mémoire en rapport avec les fautes du passé et pour donner l'exemple du repentir aux particuliers et aux sociétés civiles.

munauté ecclésiale. Nombreux sont ceux qui ont souligné la crédibilité accrue qu'ils accordaient aux déclarations de l'Église, à la suite de ce geste. Certaines réserves n'ont pas manqué cependant, exprimant un malaise lié à des contextes historiques et culturels particuliers pour lesquels le seul fait d'admettre la reconnaissance de fautes commises par les fils de l'Église peut signifier de céder devant les accusations de ceux qui lui sont hostiles par principe. Entre consensus et malaise, se fait sentir le besoin d'une réflexion qui éclaire les raisons, les conditions et le contenu exact des demandes de pardon concernant les fautes du passé.

En élaborant le texte présent, c'est ce besoin que la Commission théologique internationale a décidé de prendre en compte. Dans la Commission sont représentées des cultures et des sensibilités différentes à l'intérieur de l'unique foi catholique. Ce texte propose une réflexion théologique sur la possibilité des actes de « purification de la mémoire », liés à la reconnaissance des fautes du passé. Les demandes auxquelles on cherche à répondre sont : pourquoi poser de tels actes ? quels en sont les thèmes appropriés ? quel en est l'objet et comment le déterminer en conjuguant correctement jugement historique et jugement théologique ? quels en sont les destinataires ? quelles en sont les implications morales et quels effets possibles en attendre sur la vie de l'Église et de la société ? Le but de ce texte n'est donc pas d'examiner des cas historiques particuliers, mais d'éclairer les présupposés qui fondent le repentir relatif à des fautes passées.

Préciser dès le début le genre de réflexion que l'on présente ici permet aussi de savoir à quoi l'on se réfère quand on y parle de l'Église : il ne s'agit ni de la seule institution historique, ni de la seule communion spirituelle des cœurs illuminés par la foi. Par Église, on entendra toujours la communauté des baptisés, inséparablement visible et opérant dans l'histoire sous la conduite des pasteurs, unifiée dans la profondeur de son mystère par l'action de l'Esprit vivifiant, cette Église qui, selon les paroles du concile Vatican II, « en vertu d'une analogie qui n'est pas sans valeur, est comparée au mystère du Verbe incarné. Tout comme en effet la nature prise par le Verbe divin est à son service comme un organe vivant de salut qui lui est indissolublement uni, de même le tout social qui constitue l'Église est au service de l'Esprit du Christ qui lui donne la vie, en vue de la croissance du corps[1] » (voir Ep 4, 16). Cette Église – qui embrasse ses fils du passé comme ceux du présent en une réelle et profonde communion – est l'unique Mère dans la grâce, qui prend sur elle le poids des fautes même passées pour purifier la mémoire et vivre le renouvellement du cœur et de la vie selon la volonté du Seigneur. Elle peut le faire dans la mesure où le Christ Jésus – dont elle est le corps mystiquement prolongé dans l'histoire – a assumé en lui, une fois pour toutes, les péchés du monde.

La structure de ce texte reflète les demandes formulées : il part d'une brève reconstitution historique

1. *Lumen gentium,* 8.

du thème (chap. 1), afin de pouvoir rechercher le fondement biblique (chap. 2) et approfondir les conditions théologiques des demandes de pardon (chap. 3). La conjugaison exacte du jugement historique et du jugement théologique constitue l'élément décisif pour parvenir à des énoncés corrects et efficaces qui rendent compte avec justesse des temps, des lieux et des contextes dans lesquels se situent les actes considérés (chap. 4). Aux implications morales (chap. 5), pastorales et missionnaires (chap. 6) de ces actes de repentir pour les fautes du passé sont consacrées les considérations finales, qui ont naturellement une valeur spécifique pour l'Église catholique. En prenant toutefois conscience que la reconnaissance de leurs propres fautes est une exigence pour tous les peuples et toutes les religions, on souhaite que les réflexions proposées puissent les aider à avancer sur un chemin de vérité, de dialogue fraternel et de réconciliation.

En conclusion de cette introduction, il n'est pas inutile de rappeler la finalité ultime de tout acte possible de « purification de la mémoire » accompli par les croyants, car c'est elle qui a inspiré le travail de la Commission : il s'agit de la glorification de Dieu, car vivre l'obéissance à la vérité divine et à ses exigences conduit à confesser, en même temps que nos fautes, la miséricorde et la justice éternelles du Seigneur. La *confessio peccati* – soutenue et illuminée par la foi en la Vérité qui libère et sauve *(confessio fidei)* – devient *confessio laudis,* adressée à Dieu devant qui seulement il est possible de reconnaître les fautes du passé, comme celles du présent, pour se laisser réconcilier par lui et avec lui en Jésus-

Christ, unique sauveur du monde, afin de devenir capables d'offrir le pardon à ceux qui nous ont offensés. Cette offre de pardon apparaît particulièrement significative si l'on pense à toutes les persécutions subies par les chrétiens au cours de l'histoire. Dans cette perspective, les actes accomplis et demandés par le pape concernant les fautes du passé revêtent une valeur exemplaire et prophétique, aussi bien pour les religions que pour les gouvernements et les nations, au-delà de l'Église catholique qui pourra ainsi être aidée à vivre de manière plus efficace le grand Jubilé de l'Incarnation comme événement de grâce et de réconciliation pour tous.

1

LE PROBLÈME : HIER ET AUJOURD'HUI

Avant Vatican II.

Le Jubilé a toujours été vécu dans l'Église comme un temps de joie pour le salut donné dans le Christ, et comme une occasion privilégiée de pénitence et de réconciliation pour les péchés présents dans la vie du peuple de Dieu. Depuis sa première célébration sous Boniface VIII, en 1300, le pèlerinage pénitentiel à la tombe des apôtres Pierre et Paul a été associé à l'obtention d'une indulgence exceptionnelle pour accorder, avec le pardon sacramentel, la rémission totale ou partielle des peines temporelles liées aux péchés[1]. Dans ce contexte, aussi bien le pardon sacramentel que la rémission des peines revêtent un caractère personnel. Au cours de « l'année de pardon et de grâce[2] », l'Église dispense de manière particulière

1. Voir *Extravagantes communes,* livre V, titre IX, c. 1 (A. FRIEDBERG, *Corpus iuris canonici,* t. II ; c. 1304).

2. Voir BENOÎT XIV, lettre *Salutis nostrae,* 30 avril 1774, § 2. LÉON XII (lettre *Quod hoc ineunte,* 24 mai 1824, § 2)

le trésor des grâces que le Christ a constituées en sa faveur[1]. Mais dans aucun des jubilés célébrés jusqu'à présent, il n'y a eu prise de conscience d'éventuelles fautes du passé de l'Église, ni du besoin de demander pardon à Dieu pour les comportements d'un passé proche ou lointain.

Qui plus est, dans toute l'histoire de l'Église, on ne rencontre aucun précédent de demandes de pardon pour les fautes du passé formulées par le Magistère. Certes, les conciles et les décrétales du pape sanctionnaient les abus dont s'étaient rendus coupables les clercs ou les laïcs, et de nombreux pasteurs s'efforçaient sincèrement de les corriger. Pourtant, très rares ont été les occasions où les autorités de l'Église – pape, évêques ou conciles – ont reconnu ouvertement les fautes ou les abus dont ils s'étaient eux-mêmes rendus coupables. Un exemple célèbre nous est fourni par le pape réformateur Adrien VI qui reconnut ouvertement, dans un message à la Diète de Nuremberg du 25 novembre 1522, « les abominations, les abus [...] et les prévarications dont s'était rendue coupable "la cour romaine" de son temps, maladie [...] profondément enracinée et développée,

parle d'« une année d'expiation, de pardon et de rédemption, de grâce, de rémission et d'indulgence ».

1. C'est dans ce sens que va la définition de l'indulgence donnée par Clément VI, quand il instituait, en 1343, la périodicité du jubilé tous les cinquante ans. Clément VI voit dans le jubilé ecclésial « l'accomplissement spirituel » du « jubilé de rémission et de joie » de l'Ancien Testament (Lv 25).

propagée de la tête aux membres[1] ». Adrien VI déplorait des fautes contemporaines, précisément celles de son prédécesseur immédiat, Léon X et de sa curie, sans toutefois y associer une demande de pardon.

Il faudra attendre Paul VI pour voir un pape exprimer une demande de pardon adressée aussi bien à Dieu qu'à des contemporains. Dans le discours d'ouverture de la seconde session du Concile, le pape « demande pardon à Dieu [...] et aux frères séparés » d'Orient qui se sentiraient offensés « par nous » (Église catholique), et il se déclare prêt, pour sa part, à pardonner les offenses reçues. Dans l'optique de Paul VI, la demande et l'offre de pardon concernaient uniquement le péché de la division entre chrétiens, et ils supposaient la réciprocité.

L'enseignement du Concile.

Vatican II se place dans la même perspective que Paul VI. Pour les fautes commises contre l'unité – affirment les pères conciliaires – « nous demandons pardon à Dieu et aux frères séparés, de même que nous pardonnons à ceux qui nous ont offensés[2] ». Outre les fautes contre l'unité, le Concile signale d'autres épisodes négatifs du passé dans lesquels les chrétiens ont eu une responsabilité. Ainsi, il « déplore

1. « Chacun de nous doit examiner en quoi il est tombé et s'examiner lui-même avec plus de rigueur qu'il ne le sera par Dieu au jour de sa colère » (*Deutsche Reichstagsakten,* n^{lle} série, III 390-399, Gotha, 1893.

2. *Unitatis redintegratio,* 7.

certaines attitudes mentales qui parfois ne manquent pas chez les chrétiens », et ont pu faire penser à une opposition entre la science et la foi[1]. De même, il considère que « dans la genèse de l'athéisme », les chrétiens peuvent avoir eu « une certaine responsabilité », dans la mesure où par leur négligence ils ont voilé, plutôt que révélé, l'« authentique visage de Dieu et de la religion[2] ». De plus, le Concile « déplore » les persécutions et les manifestations d'antisémitisme accomplies « en tout temps et par qui que ce soit[3] ». Le Concile pourtant n'associe pas une demande de pardon aux faits cités.

Du point de vue théologique, Vatican II distingue entre la fidélité indéfectible à l'Église et les faiblesses de ses membres, clercs ou laïcs, hier comme aujourd'hui[4]. Il distingue donc en son sein l'Épouse du Christ « sans tache ni ride [...] sainte et immaculée » (voir Ep 5, 27), et ses fils, pécheurs pardonnés, appelés à une *metanoia* permanente et au renouvellement dans l'Esprit saint. « L'Église contient des pécheurs en son propre sein, elle est donc à la fois sainte et appelée à se purifier poursuivant constamment son effort de pénitence et de renouvellement[5]. »

1. *Gaudium et spes,* 36.
2. *Ibid.,* 19.
3. *Nostra aetate,* 4.
4. *Gaudium et spes,* 43, § 6.
5. *Lumen gentium,* 8 ; voir *Unitatis redintegratio,* 6 : « L'Église pérégrinante est appelée par le Christ à cette continuelle réforme dont elle-même, en tant qu'institution humaine et terrestre, a toujours besoin. »

Le Concile a aussi élaboré quelques critères de discernement à l'égard de la culpabilité ou de la responsabilité des vivants pour les fautes du passé. Il a en effet souligné, dans deux contextes différents, la non-imputabilité aux contemporains des fautes commises dans le passé par des membres de la même communauté religieuse :

– « Ce qui a été commis durant la passion [du Christ] ne peut être imputé ni indistinctement à tous les juifs qui vivaient alors, ni aux juifs de notre temps[1]. »

– « Des communautés considérables se sont détachées de la pleine communion de l'Église catholique non sans faute des deux parties. Ceux qui naissent et sont maintenant instruits dans la foi au Christ dans de telles communautés ne peuvent être accusés du péché de séparation, et l'Église catholique les embrasse avec un respect fraternel et avec amour[2]. »

Paul VI avait donné pour thème à la première Année sainte célébrée après le Concile, en 1975, « Renouveau et réconciliation[3] », en précisant dans l'exhortation apostolique *Paterna cum benevolentia* que la réconciliation devait avant tout s'opérer entre les fidèles de l'Église catholique[4]. Comme à son origine, l'Année sainte restait une occasion de conversion et de réconciliation des pécheurs avec

1. *Nostra aetate*, 4.
2. *Unitatis redintegratio*, 3.
3. Voir Paul VI, lettre apostolique *Apostolorum limina*, 23 mai 1974 (*Enchiridion Vaticanum* 5, 305).
4. Paul VI, exhortation *Paterna cum benevolentia*, 8 décembre 1974 (*Enchiridion Vaticanum* 5, 526-553).

Dieu, à travers l'économie sacramentelle de l'Église.

Les demandes de pardon de Jean-Paul II.

Non seulement Jean-Paul II ravive le regret pour les « souvenirs douloureux » qui scandent l'histoire des divisions entre chrétiens, comme l'avaient fait Paul VI et le concile Vatican II[1], mais il étend aussi la richesse du pardon à une multitude de faits historiques dans lesquels l'Église ou des groupes particuliers de chrétiens ont été impliqués à des titres divers[2]. Dans la lettre apostolique *Tertio millennio adveniente*[3], le pape souhaite que le Jubilé de l'an 2000 soit l'occasion de purifier la mémoire de l'Église de « toutes les formes de contre-témoignage et de scandale » qui se sont succédé au cours du millénaire passé[4].

1. Voir l'encyclique *Ut unum sint,* du 25 mai 1995, n° 88 : « Pour ce dont nous sommes responsables, j'implore le pardon. »

2. Par exemple, le pape « demande pardon, au nom de tous les catholiques, pour les torts causés aux non-catholiques au cours de l'histoire », chez les Moraves (voir la canonisation de Jan Sarkander, en République tchèque, le 21 mai 1995). Il a désiré accomplir « un acte d'expiation » et demander pardon aux Indiens d'Amérique latine et aux Africains déportés comme esclaves (*Message aux Indiens d'Amérique,* Saint-Domingue, 13 octobre 1992, et *Discours* à l'audience générale du 21 octobre 1992). Dix ans auparavant, il avait déjà demandé pardon aux Africains pour la traite des Noirs (*Discours* à Yaoundé, 13 août 1985).

3. Voir TMA, 33-36.

4. *Ibid.,* 33.

L'Église est invitée à « prendre en charge, avec une conscience plus vive, le péché de ses fils ». Elle « reconnaît comme siens ses fils pécheurs », et elle les incite à se purifier, par le repentir, des erreurs, des infidélités, des incohérences, des lenteurs[1]. La responsabilité des chrétiens dans les maux de notre temps est également évoquée[2], même si l'accent est surtout mis sur la solidarité de l'Église d'aujourd'hui avec les fautes du passé, dont certaines sont explicitement mentionnées, comme la division entre chrétiens[3], ou « les méthodes de violence et d'intolérance » utilisées dans le passé pour évangéliser[4].

Le même Jean-Paul II stimule l'approfondissement théologique au sujet de la prise en charge des fautes du passé et de l'éventuelle demande de pardon aux contemporains[5], quand, dans l'exhortation *Reconciliatio et paenitentia,* il affirme que dans le sacrement de pénitence « le pécheur se trouve seul devant Dieu avec sa faute, son repentir et sa confiance. Personne ne peut se repentir à sa place ou demander pardon en son nom ». Le péché est donc toujours personnel, même s'il blesse l'Église entière qui, représentée par le prêtre, ministre de la pénitence, est la médiatrice de la grâce sacramentelle

1. *Ibid.,* 33.
2. *Ibid.,* 36.
3. *Ibid.,* 34.
4. *Ibid.,* 35.
5. Ce dernier aspect n'affleure dans TMA qu'au numéro 33, là où il est dit que l'Église reconnaît comme siens ses fils pécheurs « devant Dieu et devant les hommes ».

qui réconcilie avec Dieu[1]. Les situations de « péché social » – que l'on rencontre à l'intérieur des communautés humaines quand la justice, la liberté et la paix se trouvent lésées – « sont toujours le résultat, l'accumulation et la concentration des péchés personnels ». Même si la responsabilité morale se diluait dans des causes anonymes, on ne pourrait parler de péché social que par analogie[2]. Il en résulte que l'imputabilité d'une faute ne peut pas à proprement parler être étendue au-delà d'un groupe de personnes qui y ont consenti volontairement, à travers des actions ou des omissions, ou par négligence.

Les questions soulevées.

L'Église est une société vivante qui traverse les siècles. Sa mémoire n'est pas constituée seulement par la tradition qui remonte aux apôtres, normative pour sa foi et sa vie elle-même ; elle est riche aussi de la variété des expériences historiques, positives ou négatives, qu'elle a vécues. Le passé de l'Église structure en grande partie son présent. La tradition doctrinale, liturgique, canonique, ascétique, nourrit la vie même de la communauté croyante, lui offrant un échantillonnage incomparable de modèles à imiter. Tout au long du pèlerinage terrestre, cependant, le bon grain demeure inextricablement mêlé à l'ivraie,

1. JEAN-PAUL II, exhortation *Reconciliatio et paenitentia,* du 2 décembre 1984, n° 31.
2. *Ibid.,* 16.

la sainteté côtoie l'infidélité et le péché[1]. C'est ainsi que le souvenir des scandales du passé peut faire obstacle au témoignage de l'Église d'aujourd'hui ; la reconnaissance des fautes commises par les fils de l'Église peut favoriser le renouveau et la réconciliation du temps présent.

La difficulté qui se présente est alors de définir quelles sont les fautes passées, en raison surtout du jugement historique que cette démarche exige ; car dans ce qui est advenu, il faut toujours distinguer la responsabilité, ou la faute, à attribuer aux membres de l'Église en tant que croyants, de celle qui se réfère aux siècles dits « de chrétienté » ou aux structures de pouvoir dans lesquelles le temporel et le spirituel étaient étroitement liés. Une herméneutique historique est donc plus nécessaire que jamais pour opérer une distinction adéquate entre l'action de l'Église en tant que communauté de foi, et celle de la société aux époques d'osmose entre ces données.

Les pas accomplis par Jean-Paul II pour demander pardon des fautes du passé ont été compris dans de nombreux milieux, ecclésiaux ou non, comme des signes de vitalité et d'authenticité de l'Église, propres à renforcer sa crédibilité. Il est juste, en outre, que l'Église contribue à modifier des images d'elle-même fausses et inacceptables, surtout dans des domaines où, par ignorance ou mauvaise foi, certains secteurs de l'opinion se plaisent à lui faire une réputation

1. Voir Mt 13, 24-30 ; 36-43 ; SAINT AUGUSTIN, *De civitate Dei* I, 35 ; CCL 47, 33 ; XI, 1 ; CCL 48, 321 ; XIX, 26 ; CCL 48, 696.

d'obscurantisme et d'intolérance. Les demandes de pardon formulées par le pape ont suscité une émulation positive dans le milieu ecclésial et même au-delà de celui-ci. Actuellement, des chefs d'État ou de gouvernement, des sociétés privées et publiques, des communautés religieuses demandent pardon pour des épisodes ou des périodes historiques marqués par des injustices. Ces démarches ne sont rien moins que rhétoriques et certains hésitent à leur emboîter le pas, après avoir calculé les coûts qu'entraînera – notamment sur le plan judiciaire – une affirmation de la solidarité avec les fautes passées. De ce point de vue également, il est urgent d'opérer un discernement rigoureux.

Il ne manque pas toutefois de fidèles déconcertés, car leur loyauté envers l'Église s'en trouve perturbée. Certains d'entre eux se demandent comment transmettre l'amour de l'Église aux jeunes générations, si cette Église est imputée de crimes et de fautes. D'autres font observer que reconnaître des fautes est pour le moins unilatéral et que les détracteurs de l'Église en profitent, satisfaits qu'ils sont de voir confirmés les préjugés qu'ils ont nourris à son égard. D'autres encore mettent en garde contre la culpabilisation arbitraire des générations actuelles de croyants pour des manquements auxquels ils n'ont consenti d'aucune manière, bien qu'ils se déclarent prêts à assumer leurs responsabilités, dans la mesure où des groupes humains se sentiraient aujourd'hui encore atteints par les conséquences des injustices subies par leurs prédécesseurs à une autre époque. D'autres encore estiment que l'Église pourra purifier sa mémoire face aux actions ambiguës dans lesquelles elle a été impliquée dans le passé en prenant simplement part au travail critique sur la mémoire qui s'est développé dans notre société. Elle pourrait ainsi affirmer qu'elle partage avec ses contemporains le refus de ce que la conscience morale actuelle réprouve, sans se poser comme l'unique coupable et responsable des maux du passé ; elle rechercherait alors simultanément le dialogue dans une compréhension réciproque avec ceux qui se sentiraient aujourd'hui encore blessés par des actes du passé imputables aux fils de l'Église. Enfin, on peut s'attendre à ce que certains groupes puissent réclamer une demande de pardon à leur égard, soit par analogie avec d'autres, soit parce qu'ils pensent avoir subi des torts. Dans tous ces cas, la purification de la mémoire ne pourra jamais signifier que l'Église renonce à proclamer la vérité révélée qui lui a été confiée, que ce soit dans le domaine de la foi ou dans celui de la morale.

On voit ainsi se profiler diverses interrogations : la conscience actuelle peut-elle se charger d'une faute liée à des phénomènes historiques uniques, comme les croisades ou l'Inquisition ? N'est-il pas trop facile de juger les protagonistes du passé avec la conscience actuelle (comme le font les scribes et les pharisiens selon Mt 23, 29-32), comme si la conscience morale n'était pas située dans le temps ? Et, d'autre part, peut-on nier que le jugement éthique est toujours en jeu, du simple fait que la vérité de Dieu et ses exigences morales restent valables pour toujours ? Quelle que soit l'attitude à adopter, il faudra prendre en compte ces demandes et rechercher des réponses fondées sur la révélation et sa transmission vivante dans la foi de l'Église. La question prioritaire est donc celle de clarifier dans quelle mesure les demandes de pardon pour les fautes du passé, surtout si elles s'adressent à des groupes humains actuels, entrent dans l'horizon biblique et théologique de la réconciliation avec Dieu et avec le prochain.

2

APPROCHE BIBLIQUE

Il y aurait diverses manières de mener une enquête sur la conscience qu'Israël a eue de ses fautes, dans l'Ancien Testament, et sur le thème de la confession des fautes selon les traditions du Nouveau Testament[1]. La nature de la réflexion théologique que nous conduisons ici nous pousse à privilégier une approche principalement thématique, partant de l'interrogation suivante : quel arrière-fond le témoignage de l'Écriture Sainte fournit-il à l'invitation faite par Jean-Paul II à l'Église de confesser les fautes du passé ?

L'Ancien Testament.

On trouve des confessions de péchés liées à des demandes de pardon dans toute la Bible, aussi bien

1. Sur les diverses méthodes de lecture de l'Écriture Sainte, voir le document de la COMMISSION BIBLIQUE PONTIFICALE, *L'Interprétation de la Bible dans l'Église* (1993).

dans les récits de l'Ancien Testament, que dans les Psaumes, chez les Prophètes et dans les Évangiles, ainsi que, plus sporadiquement, dans la littérature sapientielle et les épîtres du Nouveau Testament. Étant donné l'abondance de ces témoignages et leur diffusion, on peut se demander comment sélectionner et cataloguer la masse de textes significatifs. Par exemple, autour des textes bibliques ayant trait à la confession des péchés, on peut se poser la question : qui confesse quoi et à qui (et quel genre de fautes)? Poser la question de cette manière permet de distinguer deux catégories principales de « textes de confession », chacune d'entre elles comprenant diverses sous-catégories : a) les textes de confession de péchés individuels et b) les textes de confession des péchés du peuple tout entier (et de ceux de ses ancêtres). En ce qui concerne les pratiques ecclésiales récentes que nous étudions, l'analyse doit être limitée à la seconde catégorie.

Dans cette catégorie, plusieurs possibilités s'offrent, selon qui confesse les péchés du peuple et qui est pour le moins associé à la faute collective, en laissant de côté la présence ou non d'une conscience de la responsabilité personnelle (celle-ci mûrira progressivement : voir Ez 14, 12-23; 18, 1-32; 33, 10-20). Sur la base de ces critères, on peut distinguer les cas suivants, au demeurant plutôt fluides :

– Une première série de textes représente le peuple entier (parfois personnifié par le singulier « je ») qui, à un moment particulier de son histoire, confesse ou fait allusion à ses péchés contre Dieu sans aucune référence (explicite) aux fautes des générations précédentes[1].

– Un autre groupe de textes place la confession – adressée à Dieu – des péchés actuels du peuple sur les lèvres d'un ou de plusieurs chefs (religieux), qui peuvent tout au moins s'inclure explicitement au sein du peuple pécheur pour lequel ils prient[2].

1. On peut donner comme exemples de cette première série : Dt 1, 41 (la génération du désert reconnaît avoir péché en refusant d'avancer pour entrer dans la Terre promise) ; Jg 10, 10.12 (au temps des Juges, le peuple dit par deux fois : « nous avons péché » contre le Seigneur, en rappelant qu'il a servi les Baals) ; 1 S 7, 6 (le peuple du temps de Samuel affirme : « Nous avons péché contre le Seigneur ! ») ; Nb 21, 7 (ce texte se distingue en ce que le peuple de la génération mosaïque admet qu'en se lamentant au sujet de la nourriture, il s'est rendu coupable de « péché » ; parce qu'il a parlé contre le Seigneur et contre son guide humain, Moïse) ; 1 S 12, 19 (les Israélites de l'époque de Samuel reconnaissent que, en demandant d'avoir un roi, ils ont ajouté « à tous leurs péchés ») ; Esd 10, 13 (le peuple reconnaît devant Esdras qu'il a grandement « péché en cette matière » [en épousant des étrangères]) ; Ps 65, 2-2 : 90, 8 ; 103, 10 (107, 10-11.17) ; Is 59, 9-15 ; 64, 5-9 ; Jr 8, 14 ; 14, 7 ; Lm 1, 14. 18a.22 (« Je » = la personnification de Jérusalem) ; 3, 42 (4, 13) ; Ba 4, 12-13 (Sion évoque les fautes de ses fils qui l'ont conduite à la dévastation) ; Ez 33, 10 ; Mi 7, 9 (« Je ») ; 18-19.

2. Par exemple Ex 9, 27 (le pharaon dit à Moïse et Aaron : « Cette fois, j'ai péché : le Seigneur a raison ; moi et mon peuple nous sommes coupables ») ; 34, 9 (Moïse « pardonne notre faute et notre péché ») ; Lv 16, 21 (le grand prêtre confesse les péchés de son peuple sur la tête du « bouc émissaire », le jour de l'expiation) ; Es 32, 11-13 (voir Dt 9, 26-29 Moïse ; 32, 31 Moïse) ; 1 R 8, 33 s. (voir 2 Ch 6, 22 s. ; Salomon prie pour que Dieu pardonne les futurs péchés éventuels du peuple) ; 2 Ch 28, 13 (les chefs des Israélites affirment : « Notre faute est déjà grande ») ; Esd 10, 2 (Shekanya dit à

– Un troisième groupe de textes présente le peuple ou l'un de ses chefs en train d'évoquer les péchés des ancêtres, sans toutefois mentionner ceux de la génération présente[1].

– Assez fréquemment, les confessions qui mentionnent les fautes des ancêtres les relient expressément aux erreurs de la génération présente[2].

Esdras : « Nous avons été infidèles envers notre Dieu, en épousant des femmes étrangères »); Ne 1, 5-11 (Néhémie confesse les péchés commis par le peuple d'Israël, par lui et par la maison de son père); Est 4, 17n (Esther confesse : « Nous avons péché contre toi et tu nous as mis entre les mains de nos ennemis, pour avoir glorifié leurs dieux »); 2 M 7, 18-32 (les martyrs juifs affirment qu'ils sont en train de souffrir à cause de « nos péchés » contre Dieu).

1. Parmi les exemples de ce type de confession nationale, on peut renvoyer à : 2 R 22, 13 (voir 2 Ch 34, 21 : Josué craint la colère du Seigneur « parce que nos pères n'ont pas écouté les paroles de ce livre »); 2 Ch 29, 6-7 (Ézéchias affirme : « Nos pères ont été infidèles »); Ps 78, 8 s. (un « je » réassume les péchés des générations passées à partir de l'Exode). Voir aussi le dicton populaire cité dans Jr 31, 29 et Ez 18, 2 : « Les pères ont mangé des raisins verts et les fils en ont eu les dents agacées. »

2. C'est le cas des textes suivants : Lv 26, 40 (les exilés sont appelés à « confesser leur iniquité et l'iniquité de leurs pères »); Esd 9, 5b-15 (prière pénitentielle d'Esdras, v. 7 : « Depuis les jours de nos pères jusqu'à ce jour, nous avons été grandement coupables »; voir Ne 9, 6-37); Tb 3, 1-5 (dans sa prière, Tobie implore : « Ne me punis pas pour mes péchés et pour mes erreurs et celles de mes pères » [v. 3], et il poursuit en constatant : « Nous n'avons pas observé tes décrets [v. 5]); Ps 79, 8-9 (cette prière collective implore Dieu « de ne pas nous imputer les fautes de nos pères [...] sauve-nous et pardonne nos péchés »); 106, 6 (« Nous avons péché comme nos pères »); Jr 3, 25 (« nous avons péché contre le Seigneur notre Dieu [...] nous et nos pères »); Jr 14, 19-22 (« Nous recon-

Il apparaît au vu des témoignages recueillis que, dans tous les cas où sont mentionnés les « péchés des pères », la confession est adressée uniquement à Dieu ; les péchés confessés par le peuple ou pour le peuple sont ceux commis directement contre lui, plutôt que ceux commis à l'encontre d'autres êtres humains (en Nb 21, 7 uniquement, il est fait référence à un être humain lésé, Moïse)[1]. Se pose alors la question de savoir pourquoi les écrivains bibliques n'ont pas éprouvé le besoin de demandes de pardon adressées aux interlocuteurs présents, s'agissant des fautes commises par les pères, malgré leur sens élevé de la solidarité entre les générations dans le bien et dans le mal (que l'on pense à l'idée de « personnalité corporative »). En réponse à cette question, on peut avancer diverses hypothèses. Avant tout, le théocentrisme

naissons notre iniquité et l'iniquité de nos pères », v. 20) ; Lm 5 (« Nos pères péchèrent et ils ne sont plus, nous portons le châtiment de leur iniquité » (v. 7) – « Malheur à nous, car nous avons péché » (v. 16b) ; Ba 1, 1-3, 18 (« Nous avons offensé le Seigneur » (1, 17, voir 1, 19.21 ; 2, 5-24) – « Ne te souviens pas de l'iniquité de nos pères » (3, 5, voir 2, 33 ; 3, 4.7) ; Dn 3, 26-45 (la prière d'Azarias : « C'est dans la vérité et dans le droit que tu nous as traités à cause de nos péchés » ; v. 28 ; Dn 9, 4-19 (« car à cause de nos péchés et des fautes de nos pères, Jérusalem [...] est objet d'opprobre [...] », v. 16.

1. Ils incluent le manque de confiance en Dieu (ainsi, par exemple, Dt 1, 41 ; Nb 14, 10), l'idolâtrie (comme dans Jg 10, 10-15), la demande d'un roi humain (1 S 12, 9), les mariages avec des femmes étrangères, en contradiction avec la Loi divine (Esd 9-10). Dans Is 59, 13b, le peuple dit de lui-même « qu'il profère violence et révolte, conçoit et médite le mensonge ».

diffus de la Bible qui donne la préséance à la reconnaissance individuelle ou nationale des fautes commises envers Dieu. De plus, des actes de violence perpétrés par Israël contre d'autres peuples, qui sembleraient exiger une demande de pardon à ces peuples ou à leurs descendants, sont appréhendés comme l'exécution de directives divines à leur égard : par exemple, Jos 2-11 et Dt 7, 2 (l'extermination des Cananéens) ou 1 S 15 et Dt 25, 19 (la destruction des Amalécites). Dans de tels cas, le commandement divin en question semblerait exclure toute demande possible de pardon[1]. Les expériences de mauvais traitements subis par Israël de la part des autres peuples, et l'animosité ainsi suscitée, pourraient aussi avoir milité contre l'idée de demander pardon à ces peuples pour le mal qu'on leur a causé[2].

Selon le témoignage biblique, il existe de toute façon un sens de la solidarité entre les générations dans le péché (et dans la grâce), qui s'exprime dans

1. Voir le cas analogue de répudiation des épouses étrangères par les juifs, raconté dans Esd 9-10, avec toutes les conséquences négatives qui s'ensuivaient pour les femmes impliquées. La question de la demande de pardon à leur encontre (et/ou à celle de leurs descendants) ne se pose pas vraiment dans la mesure où la répudiation est présentée comme une exigence de la Loi divine (voir Dt 7, 3), dans tous ces chapitres.

2. À ce propos, vient à l'esprit le cas des relations constamment tendues entre Israël et Édom. Ce peuple – malgré sa condition de « frère » d'Israël – participa à la chute de Jérusalem causée par les Babyloniens, et s'en réjouit (voir par exemple Ab 10-14). Israël, en raison de l'outrage de cette trahison, ne ressentit aucun besoin de demander pardon pour le carnage des prisonniers édomites sans défense, perpétré par le roi Amasias, selon 2 Ch 25, 12.

la confession devant Dieu de « péchés des ancêtres ». Citant la splendide prière d'Azarias, Jean-Paul II a pu ainsi affirmer : « Béni sois-tu, Seigneur, Dieu de nos pères [...] nous avons péché, nous avons agi avec iniquité, en nous éloignant de toi, nous avons manqué de toutes les manières. Nous n'avons pas obéi à tes commandements » (Dn 3, 26-29). Ainsi priaient les Hébreux après l'exil (voir aussi Ba 2, 11-13), en prenant sur eux les fautes commises par leurs pères. L'Église imite leur exemple et demande pardon pour les fautes, même historiques, de ses fils[1].

Le Nouveau Testament.

Un thème fondamental, lié à l'idée de faute et largement présent dans le Nouveau Testament, est celui de l'absolue sainteté de Dieu. Le Dieu de Jésus est le Dieu d'Israël (voir Jn 4, 22), invoqué comme « Père saint » (Jn 17, 11), appelé « le Saint » dans 1 Jn 2, 20 (voir Ap 6, 10). La triple proclamation de Dieu comme « saint » de Is 6, 3 revient dans Ap 4, 8, tandis que 1 P 1, 16 insiste sur le fait que les chrétiens doivent être saints « parce qu'il est écrit : "Vous serez saints parce que je suis saint" » (voir Lv 11, 44-45 ; 19, 2). Tout cela reflète la notion vétéro-testamentaire de l'absolue sainteté de Dieu. Pour la foi chrétienne cependant, la sainteté divine est entrée dans l'histoire en la personne de Jésus de Nazareth : la notion vétéro-

1. JEAN-PAUL II, *Discours* du 1er septembre 1999, dans *L'Osservatore Romano,* 2 septembre 1999, 4.

testamentaire n'a pas été abandonnée, mais développée, au sens où la sainteté de Dieu se rend présente dans la sainteté du Fils incarné (voir Mc 1, 24; Lc 1, 35; 4, 34; Jn 6, 69; Ac 3, 14; 4, 27.30; Ap 3, 7); la sainteté du Fils est communiquée aux « Siens » (voir Jn 17, 16-19), rendus fils dans le Fils (voir Ga 4, 4-6; Rm 8, 14-17). Il ne peut y avoir cependant aucune aspiration à la filiation divine de Jésus tant qu'il n'y a pas d'amour pour le prochain (voir Mc 12, 29-31; Mt 22, 37-38; Lc 10, 27-28).

Ce motif décisif dans l'enseignement de Jésus devient le « commandement nouveau » de l'évangile de Jean : les disciples devront aimer comme lui a aimé (voir Jn 13, 34-35; 15, 12.17), c'est-à-dire parfaitement, « jusqu'au bout » (Jn 13, 1). Le chrétien est donc appelé à aimer et à pardonner, selon une mesure qui transcende toute mesure humaine de justice et induit une réciprocité entre les êtres humains reflétant celle entre Jésus et le Père (voir Jn 13, 34 s.; 15, 1-11; 17, 21-26). Dans cette optique, le thème de la réconciliation et du pardon des offenses prend un grand relief. À ses disciples, Jésus demande d'être toujours prêts à pardonner à ceux qui les auraient offensés, de même que Dieu lui-même offre toujours son pardon : « Remets-nous nos dettes comme nous-mêmes les remettons à nos débiteurs » (Mt 6, 12.12-15). Celui qui est en mesure de pardonner au prochain montre qu'il a compris le besoin qu'il a personnellement du pardon de Dieu. Le disciple est invité à pardonner « jusqu'à soixante-dix fois sept fois » celui qui l'offense, même si celui-ci ne demande pas pardon (voir Mt 18, 21-22).

Jésus insiste sur l'attitude requise de la personne offensée à l'encontre de ses offenseurs : elle est appelée à faire le premier pas, effaçant l'offense moyennant le pardon offert « du fond du cœur » (voir Mt 18, 35 ; Mc 11, 25), sachant qu'elle est elle-même pécheresse devant Dieu qui ne refuse jamais le pardon demandé avec sincérité. Dans Mt 5, 23-24, Jésus demande à l'offenseur d'« aller se réconcilier avec son propre frère qui a quelque chose contre lui », avant de présenter son offrande à l'autel : Dieu n'agrée pas un acte cultuel opéré par celui qui ne veut pas réparer auparavant le tort qu'il a causé à son prochain. Ce qui compte, c'est de changer son propre cœur et de montrer de manière appropriée que l'on veut réellement la réconciliation. Dans tous les cas, le pécheur, conscient que ses péchés blessent tout à la fois sa relation à Dieu et à son prochain (voir Lc 15, 21), ne peut attendre le pardon que de Dieu seul, car Dieu seul est toujours miséricordieux et prêt à effacer les péchés. C'est là aussi la signification du sacrifice du Christ qui nous a purifiés une fois pour toutes de nos péchés (voir He 9, 22 ; 10, 18). Ainsi, l'offenseur et l'offensé sont réconciliés par Dieu dans sa miséricorde qui les accueille tous et pardonne.

Dans ce cadre, que l'on pourrait élargir par l'analyse des lettres de Paul et des épîtres catholiques, rien n'indique que l'Église des origines ait porté son attention sur les péchés du passé pour demander pardon. On peut l'expliquer par la conscience forte qu'elle a eue de la nouveauté chrétienne, qui a projeté la communauté plutôt vers le futur que vers le passé.

On rencontre toutefois une insistance plus large et plus subtile qui apparaît dans le Nouveau Testament : dans les évangiles et dans les épîtres, l'ambivalence propre à l'expérience chrétienne est largement reconnue. Pour Paul, par exemple, la communauté chrétienne est un peuple eschatologique, qui vit déjà « la création nouvelle » (voir 2 Co 5, 17 ; Ga 6, 15), mais cette expérience, rendue possible par la mort et la résurrection de Jésus (voir Rm 3, 21-26 ; 5, 6-11 ; 8, 1-11 ; 1 Co 15, 54-57), ne nous libère pas de l'inclination au péché présent dans le monde en raison de la chute d'Adam. Le résultat de l'intervention divine dans et à travers la mort et la résurrection de Jésus entraîne deux scénarios possibles : l'histoire d'Adam et celle du Christ. Elles se déploient côte à côte, et le croyant doit compter sur la mort et la résurrection du Seigneur Jésus (voir par exemple Rm 6, 1-11 ; Ga 3, 27-28 ; Col 3, 10 ; 2 Co 5, 14-15) pour participer à l'histoire dans laquelle « la grâce surabonde » (voir Rm 5, 12-21).

Une telle relecture théologique de l'événement pascal du Christ montre comment l'Église des origines devait avoir une conscience aiguë des manquements possibles des baptisés. On pourrait dire que le « corpus paulinien » tout entier appelle les chrétiens à reconnaître pleinement leur dignité, tout en ayant une vive conscience de la fragilité de leur condition humaine : « C'est pour que nous restions libres que le Christ nous a libérés. Donc tenez bon et ne vous remettez pas sous le joug de l'esclavage » (Ga 5, 1). Un motif analogue se rencontre dans les récits des évangiles. Il émerge de manière incisive dans Marc, où les carences des disciples de Jésus sont l'un des thèmes dominants du récit (voir Mc 4, 40-41 ; 6, 36-37.51-52 ; 8, 14-21.31-33 ; 9, 5-6.32-41 ; 10, 32-45 ; 14, 10-11.17-21.27-31.50 ; 16, 8). Bien qu'il soit un peu estompé, le même motif revient dans tous les évangiles. Judas et Pierre sont respectivement le traître et celui qui renie son Maître, même si Judas en arrive au désespoir pour l'acte accompli (voir Ac 1, 15-20), alors que Pierre se repent (voir Lc 22, 61 s.) et parvient à la triple confession d'amour (voir Jn 21, 15-19). Dans Matthieu, jusque dans l'apparition finale du Seigneur ressuscité, tandis que les disciples tombent en adoration, « certains doutaient encore » (Mt 28, 17). Le quatrième évangile présente les disciples comme des gens à qui est donné un amour incommensurable, bien que leur réponse soit faite d'ignorance, de manquements, de reniement et de trahison (voir 13, 1-38).

Cette présentation constante des disciples appelés à suivre Jésus, qui vacillent dans leur consentement au péché, n'est pas seulement une relecture critique de l'histoire des origines. Les récits sont mis en scène de manière à s'adresser à chaque disciple successif du Christ en difficulté, qui regarde l'Évangile comme son propre guide et son inspiration. En outre, le Nouveau Testament est rempli de recommandations pour se bien comporter, vivre à un plus haut niveau d'engagement, éviter le mal (voir par exemple Jc 1, 5-8.19-21 ; 2, 1-7 ; 4, 1-10 ; 1 P 13-25 ; 2 P 2, 1-22 ; Jg 3-13 ; 1 Jn 1, 5-10 ; 2, 1-11 ; 18-27 ; 4, 1-6 ; 2 Jn 7-11 ; 3 Jn 9-10). Il n'y a toutefois aucun appel explicite adressé aux premiers chrétiens à confesser les fautes du passé, même si la réalité du péché et du mal est reconnue de manière significative à l'intérieur du peuple appelé à une existence eschatologique qui est le propre de la condition chrétienne (que l'on pense aux reproches contenus dans les lettres aux sept Églises de l'Apocalypse). Selon la demande qui se trouve dans la prière du Seigneur, ce peuple invoque en ces termes : « Remets-nous nos péchés, car nous-mêmes remettons à quiconque nous doit » (Lc 11, 4; voir Mt 6, 12). En somme, les premiers chrétiens montrent qu'ils sont bien conscients de pouvoir agir d'une manière qui ne correspond pas à la vocation reçue, en ne vivant pas le baptême de mort et de résurrection de Jésus dans lequel ils ont été baptisés.

Le Jubilé biblique.

La célébration du Jubilé représente un soubassement biblique significatif de la réconciliation liée au dépassement des situations passées, comme elle est instituée dans le livre du Lévitique (chap. 25). Dans une structure sociale composée de tribus, de clans et de familles, des situations de désordre surgissaient inévitablement, lorsque les individus et les familles de conditions défavorisées devaient « se tirer » eux-mêmes de leurs propres difficultés en remettant la propriété de leur terre ou de leur maison, de leurs serviteurs ou de leurs fils, à ceux qui jouissaient de conditions meilleures. Un tel système avait pour effet que certains Israélites en venaient à souffrir des situations intolérables de dettes, de pauvreté et d'esclavage, sur cette même terre qui leur avait été donnée par Dieu, et, cela au profit d'autres fils d'Israël. Au bout de périodes plus ou moins longues, il arrivait qu'un territoire ou un clan tombât entre les mains de quelques riches, tandis que le reste des familles du clan se trouvait dans une telle situation de dette ou de servitude qu'ils devaient vivre dans une totale dépendance envers de plus aisés.

La législation de Lv 25 constitue une tentative pour renverser tout cela (au point que l'on puisse douter qu'elle ait jamais été mise totalement en pratique !). Elle convoquait la célébration du Jubilé tous les cinquante ans, afin de préserver le tissu social du peuple de Dieu et de restituer son indépendance jusqu'à la plus petite famille du pays. La proclamation régulière de la confession de foi d'Israël en un Dieu qui avait libéré son peuple à travers l'Exode est décisive pour Lv 25. « Je suis le Seigneur votre Dieu qui vous ai fait sortir du pays d'Égypte, pour vous donner le pays de Canaan, pour être votre Dieu » (Lv 25, 38 ; voir v. 42.45). La célébration du Jubilé était l'acceptation implicite de la faute et une tentative pour rétablir un ordre juste. Tout système qui aliénerait n'importe quel Israélite, d'abord esclave et maintenant libéré par le bras puissant de Dieu, démentait en fait l'action divine salvifique dans et à travers l'Exode.

La libération des victimes et des souffrants fait partie d'un programme plus large des prophètes. Le Deutéro-Isaïe, dans les chants du Serviteur souffrant (Is 42, 1-9 ; 49, 1-6 ; 50, 4-11 ; 52, 13 - 53, 12), développe les allusions à la pratique du Jubilé, avec les thèmes du rachat et de la liberté, du retour et de la rédemption. Is 58 est une attaque contre l'observance rituelle qui ne se préoccupe pas de justice sociale, un appel à la libération des opprimés (Is 58, 6), centré de manière spécifique sur les obligations de la parenté (v. 7). Plus clairement, Is 61 emploie les images du Jubilé pour représenter l'Oint comme le héraut de Dieu, envoyé pour « évangéliser » les pauvres, annoncer aux captifs la délivrance et proclamer une année de grâce du Seigneur. Il est significatif que, pour présenter la mission de sa vie et de son ministère (Lc 4, 17-21), Jésus cite précisément ce texte contenant une allusion à Is 58, 6.

Conclusion.

De tout ce qui a été dit, on peut conclure que l'appel adressé par Jean-Paul II à l'Église, comme caractéristique de l'année jubilaire, pour reconnaître sa faute dans toutes les souffrances et les offenses dont ses fils se sont rendus responsables dans le passé[1], et les pratiques qui s'y rattachent, ne trouvent pas de correspondance univoque dans le témoignage biblique. Ils se fondent toutefois sur ce que la Sainte Écriture affirme au sujet de la sainteté de Dieu, de la solidarité entre les générations de son peuple et de la reconnaissance de son état de pécheur. L'appel du pape recueille l'esprit authentique du Jubilé

1. Voir TMA, 33-36.

biblique qui demande d'accomplir des actes destinés à rétablir le dessein originel de Dieu envers la création. Ce qui exige que la proclamation de l'« aujourd'hui » du Jubilé, commencée par Jésus (voir Lc 4, 21), soit poursuivie par la célébration jubilaire de son Église.

Cette expérience singulière de grâce, pousse en outre le peuple de Dieu tout entier, comme chacun des baptisés, à prendre encore plus conscience du commandement reçu du Seigneur d'être toujours prêts à pardonner les offenses reçues.

3

FONDEMENTS THÉOLOGIQUES

« Il est juste que, tandis que le second millénaire du christianisme arrive à son terme, l'Église prenne en charge avec une plus vive conscience le péché de ses fils, en se souvenant de toutes les circonstances dans lesquelles, dans le déroulement de l'histoire, ils se sont éloignés de l'esprit du Christ et de son évangile, en offrant au monde au lieu du témoignage d'une vie inspirée des valeurs de la foi, le spectacle de modes de penser et d'agir qui étaient de véritables formes de *contre-témoignages* et de *scandale*. L'Église, bien que sainte par son incorporation au Christ, ne se lasse pas de faire pénitence : elle *reconnaît toujours comme siens,* devant Dieu et les hommes, *ses fils pécheurs*[1]. » Ces paroles de Jean-Paul II soulignent comment l'Église est atteinte par le péché de ses fils : sainte, rendue telle par le Père au moyen du sacrifice du Fils et du don de son Esprit, elle est aussi, en un certain sens, pécheresse, car elle assume réellement en elle

1. TMA, 33.

le péché de ceux qu'elle a elle-même engendrés dans le baptême, par analogie au Christ qui a assumé le péché du monde (voir Rm 8, 3 ; 2 Co 5, 21 ; Ga 3, 13 ; 1 P 2, 24)[1]. De plus, fait partie de la plus profonde conscience ecclésiale de notre temps la conviction que l'Église n'est pas seulement une communauté d'élus, mais comprend en son sein des justes et des pécheurs, appartenant au temps présent comme au passé, dans l'unité du mystère qui la constitue. Dans la grâce, en effet, comme dans la blessure du péché, les baptisés d'aujourd'hui sont proches et solidaires de ceux d'hier. C'est pourquoi l'on peut dire que l'Église – une dans le temps et l'espace dans le Christ et l'Esprit – est véritablement « à la fois sainte et ayant toujours besoin de purification[2] ». De ce paradoxe, caractéristique du mystère ecclésial naît l'interrogation suivante : comment concilier les deux aspects, d'une part, l'affirmation de la foi en la sainteté de l'Église ; de l'autre, son besoin incessant de pénitence et de purification ?

Le mystère de l'Église.

« L'Église est dans l'histoire, mais en même temps, elle la transcende. C'est uniquement "avec les yeux de la foi" que l'on peut apercevoir dans sa réalité visible une réalité spirituelle simultanée, porteuse de

1. Que l'on pense au reproche fait à l'Église pour ses fautes, motif présent chez les auteurs chrétiens de diverses époques. Un exemple parmi les plus représentatifs est constitué par le *Liber asceticus* de Maxime le Confesseur (PL 90, 912-956).
2. *Lumen gentium,* 8.

vie divine[1]. » L'ensemble de ses aspects visibles et historiques se réfère au don divin, par analogie à la manière dont l'humanité, assumée dans le Verbe de Dieu incarné, est le signe et l'instrument de l'action de la Personne divine dans le Fils : les deux dimensions de l'être ecclésial forment « une seule réalité complexe résultant d'un élément humain et d'un élément divin[2] » en une communion qui participe à la vie trinitaire et fait que les baptisés se sentent unis entre eux, à travers la diversité des temps et des lieux de l'histoire. Forte de cette communion, l'Église se présente comme un sujet absolument unique dans les vicissitudes humaines, capable de se charger des dons, des mérites et des fautes de ses fils d'aujourd'hui, comme de ceux d'hier.

Cette analogie avec le mystère du Verbe incarné n'est pas mince ; elle implique toutefois une différence fondamentale : « Alors que le Christ "saint, innocent, immaculé" (He 7, 26), n'a pas connu le péché (voir 2 Co 5, 21), mais est venu pour expier les péchés de son peuple (voir He 2, 17), l'Église, à la fois sainte et ayant besoin de purification, qui comporte en son sein des pécheurs, s'applique constamment à la pénitence et à son renouveau[3]. » L'absence de péché dans le Verbe incarné ne peut être attribuée à son Corps ecclésial à l'intérieur duquel chacun, certes participant à la grâce donnée par Dieu, n'en nécessite pas moins une vigilance et une inces-

1. *Catéchisme de l'Église catholique* (CCC), 770.
2. *Lumen gentium,* 8.
3. *Ibid.* Voir aussi *Unitatis redintegratio,* 3 et 6.

sante purification, solidaire qu'il est de la faiblesse des autres : « Tous les membres de l'Église, y compris ses ministres, doivent se reconnaître pécheurs (voir 1 Jn 1, 8-10). En tous, et jusqu'à la fin des temps, l'ivraie du péché se trouve encore mêlée au bon grain de l'Évangile (voir Mt 13, 24-30). L'Église rassemble donc des pécheurs que le salut du Christ a rejoints, mais toujours sur le chemin de la sanctification[1]. »

Paul VI avait déjà affirmé solennellement que « l'Église est sainte, tout en comprenant en son sein des pécheurs, car elle ne possède pas d'autre vie que celle de la grâce [...] C'est pourquoi l'Église souffre et fait pénitence pour de tels péchés, alors qu'elle a pourtant le pouvoir de guérir ses fils par le sang du Christ et le don de l'Esprit saint[2]. » En somme, l'Église dans son « mystère » est la rencontre de la sainteté et de la faiblesse continuellement rachetée, et toujours nécessitant de nouveau la force de la rédemption. Comme l'enseigne la liturgie, véritable *lex credendi,* le fidèle et le peuple des saints invoquent Dieu, afin que son regard se pose sur la foi de son Église, et non sur les péchés des individus qui sont la négation de cette foi vécue. *« Ne respicias peccata nostra, sed fidem Ecclesiae tuae ! »* Dans l'unité du mystère ecclésial à travers le temps et l'espace, il est alors possible de considérer l'aspect de la sainteté, la nécessité de repentir et de réforme, et leur articulation dans l'agir de l'Église Mère.

1. CCC, 827.
2. PAUL VI, *Credo du peuple de Dieu* (30 juin 1968), n° 19 (*Enchiridion Vaticanum* 3, 264 s.).

La sainteté de l'Église.

L'Église est sainte parce que, sanctifiée par le Christ qui l'a acquise en se livrant à la mort pour elle, elle est maintenue dans la sainteté par l'Esprit saint qui se répand sans cesse en elle. « Nous croyons que l'Église est indéfectiblement sainte. En effet, le Christ, Fils de Dieu, qui est proclamé avec le Père et l'Esprit "le seul saint", a aimé l'Église comme son épouse et s'est donné lui-même à elle, afin de la sanctifier (voir Ep 5, 25 s.) ; il s'est uni à elle comme à son corps et l'a remplie du don de l'Esprit saint, pour la gloire de Dieu. Aussi tous, dans l'Église, sont appelés à la sainteté[1]. » En ce sens, depuis les origines, les membres de l'Église sont appelés les « saints » (voir Ac 9, 13 ; 1 Co 6, 1 s.; 16, 1). On peut distinguer cependant *la sainteté de l'Église* de *la sainteté dans l'Église*. La première, qui a son fondement dans les missions du Fils et de l'Esprit, garantit la continuité de la mission du peuple de Dieu jusqu'à la fin des temps ; elle stimule et aide les croyants à poursuivre la recherche de la sainteté subjective et personnelle. Dans la vocation que chacun reçoit est, au contraire, enracinée la forme de sainteté qui lui a été donnée et que l'on attend de lui, comme plein accomplissement de sa vocation et de sa mission propre. La sainteté personnelle est en tous les cas projetée vers Dieu et vers les autres ; elle a de ce fait un caractère essentiellement social : c'est la sainteté « dans l'Église », orientée vers le bien de tous.

1. *Lumen gentium*, 39.

À la sainteté *de* l'Église doit donc correspondre la sainteté *dans* l'Église : « Les disciples du Christ, appelés par Dieu non selon leurs œuvres, mais selon le dessein de sa grâce et justifiés dans le Seigneur Jésus, ont vraiment été faits fils de Dieu et participants de la nature divine dans le baptême de la foi et donc réellement saints. Ils doivent alors, avec l'aide de Dieu, maintenir et perfectionner dans leur vie la sainteté qu'ils ont reçue[1]. » Dans toute son existence, le baptisé est appelé à devenir ce qu'il est devenu pleinement par la consécration baptismale ; mais cela n'advient pas sans le consentement de sa liberté et l'aide de la grâce qui vient de Dieu. Quand cela advient, on peut percevoir dans l'histoire l'humanité nouvelle selon Dieu : personne ne devient pleinement lui-même autant que le saint qui accueille le plan divin et, avec l'aide de la grâce, conforme tout son être au projet du Très-Haut ! En ce sens, les saints sont comme des lumières suscitées par le Seigneur au milieu de son Église pour l'illuminer, une prophétie pour le monde entier.

La nécessité d'un renouveau continuel.

Sans offusquer cette sainteté, il faut reconnaître qu'en raison de la présence du péché, un renouvellement continuel est nécessaire, ainsi qu'une constante conversion de la part du peuple de Dieu : l'Église sur terre est « ornée d'une vraie sainteté »,

1. *Lumen gentium,* 40.

cependant « imparfaite »[1]. Augustin observe contre les pélagiens : « L'Église, dans son ensemble dit : Remets-nous nos dettes ! Elle a donc des taches et des rides. Mais au moyen de la confession, les rides s'effacent, au moyen de la confession, les taches sont lavées. L'Église se tient en prière pour être purifiée par la confession, et il en sera ainsi tant que les hommes vivront sur la terre[2]. » Et Thomas d'Aquin précise que la plénitude de la sainteté appartient au temps eschatologique, tandis que l'Église pérégrinante ne doit pas se faire illusion en s'affirmant sans péché : « Que l'Église soit glorieuse, sans tache ni ride, c'est le but final vers lequel nous tendons en vertu de la passion du Christ. Mais ceci s'obtiendra seulement dans la patrie éternelle et non dans le pèlerinage ; ici [...] nous nous tromperions si nous disions n'avoir aucun péché[3]. » En réalité, « bien que revêtus de la robe baptismale, nous ne cessons pas de pécher, de nous éloigner de Dieu. Mais avec la demande : “Remets-nous nos dettes”, nous retournons à lui, comme le fils prodigue (voir Lc 15, 11-32), et nous nous reconnaissons pécheurs devant lui tel le publicain (voir Lc 18, 13). Notre demande commence avec notre “confession”, par laquelle nous confessons à un moment et notre misère et sa miséricorde[4]. »

C'est pourtant l'Église entière qui, au moyen de la confession du péché de ses fils, confesse sa foi

1. *Ibid.,* 48.
2. SAINT AUGUSTIN, *Sermon* 181, 5, 7 (PL 38, 982).
3. SAINT THOMAS D'AQUIN, *Somme théol.,* III q. 8 a 3 ad 2.
4. CCC, 2839.

en Dieu et en célèbre l'infinie bonté, en même temps que sa capacité de pardon : grâce au lien établi par l'Esprit saint, la communion qui existe entre tous les baptisés dans le temps et dans l'espace devient telle que, en elle, chacun est lui-même, mais en même temps il est conditionné par les autres, il exerce sur eux une influence dans l'échange vital des biens spirituels. De sorte que la sainteté des uns influe sur la croissance dans le bien des autres ; de même, l'importance du péché n'est pas exclusivement individuelle, car celui-ci pèse et oppose une résistance sur le chemin du salut de tous. En ce sens, le péché touche vraiment l'Église en sa totalité, à travers la variété des temps et des lieux.

Cette conviction pousse les Pères à des affirmations nettes, comme celle de saint Ambroise : « Faisons bien attention que notre chute ne devienne pas une blessure de l'Église[1]. » Mais celle-ci, « tout en étant sainte par son incorporation au Christ ne se lasse pas de faire pénitence et elle reconnaît comme siens, devant Dieu et devant les hommes, ses fils pécheurs[2] », ceux d'aujourd'hui comme ceux d'hier.

1. SAINT AMBROISE, *De virginitate*, 8, 48 (PL 16, 278D) : *« Caveamus igitur, ne lapsus noster vulnus Ecclesiae fiat. » Lumen gentium,* 11 parle aussi de la « blessure » infligée à l'Église par le péché de ses fils.

2. TMA, 33.

La maternité de l'Église.

La conviction que l'Église puisse se charger du péché de ses fils en vertu de la solidarité existant entre eux dans le temps et dans l'espace par leur incorporation au Christ et à l'œuvre de l'Esprit saint, est exprimée de manière particulièrement efficace dans l'idée d'« Église Mère » *(Mater Ecclesia),* qui « dans la conception protopatristique est le concept central de toute l'ardente aspiration chrétienne[1] ». L'Église, affirme Vatican II, « à travers la Parole de Dieu accueillie avec foi devient à son tour mère, puisque par la prédication et par le baptême elle engendre à une vie nouvelle et immortelle des fils conçus du Saint-Esprit et nés de Dieu[2] ». À cette très large tradition dont ces idées sont l'écho, se joint Augustin avec, par exemple, ces paroles : « Cette sainte mère digne de vénération, l'Église, est semblable à Marie : elle met au monde et elle est vierge, vous êtes nés d'elle ; elle engendre le Christ parce que vous êtes les membres du Christ[3]. » Cyprien de Carthage affirme nettement : « Il ne peut avoir Dieu pour père celui qui n'a pas l'Église comme mère[4]. »

1. K. DELAHAYE, *La Communità, Madre dei credenti,* Cassano M. (Bari), 1974, 110. Voir aussi K. RAHNER, *Mater Ecclesia. Inni di lode alla Chiesa tratti dal primo millennio della letteratura cristiana,* Milan, 1972.
2. *Lumen gentium,* 64.
3. AUGUSTIN, *Sermo* 25, 8 (PL 46, 938) : *« Mater ista sancta, honorata, Mariae similis, et parit et Virgo est. Ex illa nati estis et Christum parit : nam membra Christi estis. »*
4. CYPRIEN, *De Ecclesiae catholicae unitate* 6 (CCL 3, 253) : *« Habere iam non potest Deum patrem qui ecclesiam non*

Et Paulin de Nole de chanter ainsi la maternité de l'Église : « Comme mère, elle reçoit la semence de la Parole éternelle, porte les peuples en son sein et leur donne le jour[1]. »

Selon cette vision, l'Église se réalise continuellement dans l'échange et la communication de l'Esprit saint de l'un à l'autre des croyants ; elle constitue un milieu générateur de foi et de sainteté dans la communion fraternelle, l'unanimité de la prière, la participation solidaire à la Croix, le témoignage commun. En vertu de cette communication vitale, chaque baptisé peut être considéré en même temps fils de l'Église, en tant qu'il est engendré en elle à la vie divine, et Église Mère, en tant qu'il coopère par sa foi et sa charité à engendrer de nouveaux fils de Dieu : il est d'autant plus Église Mère que sa sainteté est plus grande et plus ardent son effort pour communiquer aux autres le don reçu. D'autre part, ne cesse pas d'être fils de l'Église le baptisé qui, à cause de son péché, se séparerait du cœur de celle-ci : il pourra toujours accéder de nouveau aux sources de la grâce et écarter le poids que sa faute fait peser sur toute la communauté de l'Église Mère. À son tour, celle-ci, comme une véritable Mère, ne pourra pas ne pas être blessée par le

habet matrem. » Le même CYPRIEN affirme ailleurs : « *Ut habere quis possit Deum Patrem, habeat ante ecclesiam matrem* » (*Epist.* 74, 7 ; CCL 3C, 572). Et AUGUSTIN : « Tenez donc, très chers, tenez tous unanimement Dieu comme père et l'Église comme mère » (*In Ps 88, Sermo* 2, 14 ; CCL 39, 1244).

1. PAULIN DE NOLE, *Carmen* 25, 171-172 ; CSEL 30, 243 : « *Inde manet mater aeterni semine verbi / concipiens populos et pariter pariens.* »

péché de ses fils d'aujourd'hui comme d'hier, tout en continuant toujours à les aimer, au point de se charger en tout temps du poids de leurs fautes. En ce sens, l'Église apparaît aux Pères comme Mère des douleurs, non seulement à cause des persécutions extérieures, mais surtout des trahisons, des manquements, des lenteurs et des souillures de ses fils.

La sainteté et le péché *dans* l'Église se reflètent donc dans leurs effets sur l'Église entière, même si c'est une conviction de la foi que la sainteté est plus forte que le péché, en tant que fruit de la grâce divine. La preuve lumineuse en est donnée par les figures des saints, reconnus comme modèles et aides pour tous! Il n'y a pas de parallélisme entre la grâce et le péché, ni une sorte de symétrie ou de rapport dialectique : l'influence du mal ne pourra jamais vaincre la force de la grâce et l'irradiation du bien, même le plus caché! En ce sens, l'Église se reconnaît essentiellement sainte dans ses saints. Alors qu'elle se réjouit de cette sainteté dont elle est bénéficiaire, elle ne s'en confesse pas moins pécheresse, non en tant que sujette du péché, mais parce qu'elle assume avec une solidarité maternelle le poids des fautes de ses fils, afin de les aider à les surmonter sur le chemin de la pénitence et de la vie nouvelle. C'est pourquoi la sainte Église éprouve le devoir de « se repentir profondément des faiblesses de tant de ses fils qui ont défiguré son visage, en l'empêchant de refléter pleinement l'image de son Seigneur crucifié, témoin indispensable d'amour patient et d'humble douceur[1] ».

1. TMA, 35.

Cela peut être fait particulièrement par celui qui, par charisme et ministère, exprime dans la forme la plus dense la communion du peuple de Dieu. Au nom des Églises locales, les pasteurs respectifs pourront exprimer les éventuelles confessions de fautes et demandes de pardon. Au nom de l'Église entière, une dans le temps et dans l'espace, pourra se prononcer celui qui exerce le ministère universel de l'unité, l'Évêque de l'Église « qui préside dans l'amour[1] », le pape. Voici pourquoi il est particulièrement significatif que soit venue de lui l'invitation à ce que « l'Église prenne sur elle avec une plus vive conscience le péché de ses fils » et reconnaisse la nécessité de « faire amende honorable, en invoquant avec force le pardon du Christ[2] ».

1. IGNACE D'ANTIOCHE, *Ad Romanos. Proem.* (SC 10, 124; Th. Camelot, Paris, 1958 [2e éd.]).
2. TMA, 35.

4

JUGEMENT HISTORIQUE ET JUGEMENT THÉOLOGIQUE

L'identification des fautes du passé dont il faut s'amender implique avant tout un jugement historique correct ; celui-ci servira de fondement à l'évaluation théologique. On doit se demander : que s'est-il passé précisément ? qu'a-t-on vraiment dit et fait ? Ce n'est que lorsqu'une réponse appropriée aura été donnée à ces interrogations, à la suite d'une démarche historique rigoureuse, que l'on pourra se demander si ce qui est advenu, qui a été dit et fait, peut être interprété comme conforme ou non à l'Évangile, et si, dans le cas contraire, les fils de l'Église ayant eu un tel comportement auraient pu s'en rendre compte dans le contexte où ils agissaient. C'est uniquement lorsqu'on sera parvenu à la certitude morale que ce qui a été fait contre l'Évangile par certains fils de l'Église, et en son nom, aurait pu être jugé comme tel par eux, et évité, que s'amender des fautes du passé peut prendre sens pour l'Église.

Le rapport entre « jugement historique » et « jugement théologique » est donc aussi complexe que nécessaire et déterminant. C'est pourquoi il faut l'entreprendre sans prévention d'un côté ou de l'autre : il convient d'éviter aussi bien une apologie cherchant à tout justifier qu'une culpabilisation indue, fondée sur l'attribution de responsabilités historiquement insoutenables. Jean-Paul II a affirmé à propos de l'évaluation historico-théologique de l'action de l'Inquisition : « Le Magistère ecclésial ne peut certes pas se proposer d'accomplir un acte de nature éthique, telle que la demande de pardon, sans s'être informé exactement auparavant sur la situation de cette époque. Mais il ne peut non plus s'appuyer sur les images du passé véhiculées par l'opinion publique, car elles sont souvent surchargées d'une émotivité passionnelle qui empêche un diagnostic serein et objectif [...] Voilà pourquoi la première démarche consiste à interroger les historiens, auxquels on ne demande pas un jugement de nature éthique qui dépasserait les limites de leur compétence, mais d'apporter une aide à la reconstruction la plus précise des événements, des usages, des mentalités d'alors, à la lumière du contexte historique de l'époque[1]. »

1. *Discours* aux participants du Symposium international sur l'étude de l'Inquisition, organisé par la Commission théologico-historique du Comité central du Jubilé, n° 4, 31 octobre 1998.

L'interprétation de l'histoire.

Quelles sont les conditions d'une interprétation correcte du passé, du point de vue du savoir historique ? Pour les déterminer, il faut tenir compte de la complexité du rapport intervenant entre le sujet qui interprète et l'objet de l'interprétation qui, lui, est passé[1]. En premier lieu, on doit souligner leur *étrangeté* réciproque. Les événements ou les paroles du passé sont avant tout « passés » : comme tels, on ne peut pas les réduire totalement aux instances actuelles, ils ont une épaisseur et une complexité objectives qui empêchent d'en disposer de manière uniquement fonctionnelle selon les intérêts du moment. Il faut pourtant les aborder par le biais d'une enquête historico-critique, visant à utiliser toutes les informations accessibles, en vue de reconstituer le milieu, les modes de penser, les conditionnements et le processus vital où se situent ces événements et ces paroles. On évaluera ainsi leur contenu et les défis que – dans leur diversité, justement – ils lancent à notre présent.

En second lieu, entre celui qui interprète et ce qui est interprété, on doit reconnaître une certaine *coappartenance,* sans laquelle aucun lien ni aucune communication ne pourraient subsister entre passé et présent. Ce lien de communication est fondé sur le fait que tout être humain d'hier et d'aujourd'hui se situe dans un ensemble de relations historiques et qu'il a besoin pour les vivre d'une médiation lin-

1. Voir pour ce qui suit H.-G. GADAMER, *Verità e metodo,* Milan, 1985 (2e éd.).

guistique, toujours déterminée historiquement. Nous appartenons tous à l'histoire ! Mettre en lumière la coappartenance entre l'interprète et l'objet interprété – qui doit être atteint à travers les formes multiples par lesquelles le passé a laissé des témoignages de lui-même (textes, monuments, traditions, etc.) – veut dire juger de la justesse des correspondances possibles et des éventuelles difficultés de communication mises en évidence par notre propre intelligence, entre le présent et les paroles et les événements passés. Ce qui exige de tenir compte des motivations de la recherche et de leur incidence sur les réponses obtenues, du contexte de vie où l'on travaille, ainsi que de la communauté interprétante dont on parle le langage et à laquelle on entend parler. Dans ce but, il est nécessaire de rendre le plus possible réfléchie et consciente la précompréhension, toujours incluse, en fait, dans une interprétation, pour en mesurer l'incidence réelle sur le processus d'interprétation, et la tempérer.

Enfin, entre celui qui interprète et le passé, objet de l'interprétation, s'accomplit, à travers l'effort cognitif et évaluatif, une *osmose* (« fusion des horizons ») qui constitue à proprement parler l'acte de compréhension. En elle, s'exprime ce que l'on juge être une intelligence correcte des événements et des paroles du passé, ce qui équivaut à relever la signification qu'ils peuvent avoir pour l'interprète et son univers. Grâce à cette rencontre des milieux de vie, la compréhension du passé devient possible au présent : le passé est bien saisi dans les potentialités qu'il ouvre et la stimulation qu'il offre pour modifier le présent ; la mémoire devient capable de susciter un nouveau futur.

On arrive à une osmose féconde avec le passé à travers l'enchevêtrement de certaines opérations herméneutiques fondamentales, correspondant aux moments indiqués de l'étrangeté, de la coappartenance et de la compréhension proprement dite. S'agissant d'un « texte » du passé – entendu en général comme un témoignage écrit, oral, monumental ou figuratif – ces opérations peuvent être ainsi exprimées : « 1) comprendre le texte, 2) juger de la pertinence de sa propre intelligence du texte et 3) exprimer ce que l'on croit être l'intelligence correcte du texte[1] ». Comprendre le témoignage du passé veut dire le rejoindre le plus possible dans son objectivité, à travers toutes les sources dont on peut disposer ; juger de la justesse de sa propre interprétation signifie vérifier honnêtement et avec rigueur dans quelle mesure celle-ci a pu être orientée ou même conditionnée par la précompréhension et les préjugés possibles de l'interprète ; exprimer l'interprétation obtenue signifie faire participer les autres au dialogue tissé avec le passé, soit pour en vérifier la pertinence, soit pour l'exposer éventuellement à d'autres interprétations.

1. B. LONERGAN, *Il metodo in teologia,* Brescia, 1975, p. 173 ; *Pour une méthode en théologie*, Paris-Montréal, Éd. du Cerf-Éd. Fides, 1978.

Enquête historique et évaluation théologique.

Si ces opérations font partie de tout acte herméneutique, elles ne peuvent non plus être absentes de l'interprétation en laquelle s'intègrent jugement historique et jugement théologique. Ce qui exige en premier lieu que, dans ce type d'interprétation, on prête la plus grande attention aux éléments de différenciation et d'étrangeté entre le présent et le passé. Quand on entend juger des possibles fautes du passé on doit en particulier avoir à l'esprit que divers sont les temps historiques, et divers les temps sociologiques et culturels de l'action ecclésiale ; des paradigmes et des jugements propres à une société et à une époque pourraient être appliqués de manière erronée à l'évaluation d'autres phases de l'histoire, engendrant des équivoques non négligeables ; diverses sont les personnes, les institutions et leurs compétences respectives ; diverses les manières de penser et divers les conditionnements. Il faut donc préciser qui sont les responsables des événements et des paroles prononcées, en tenant compte du fait qu'une demande ecclésiale de pardon implique le même objet théologique – l'Église –, avec une variété de modes et de degrés par lesquels les particuliers représentent la communauté ecclésiale, selon la grande diversité des situations historiques et géographiques. Il convient d'éviter toute généralisation. Les procédés d'actualisation doivent être effectués par les sujets plus directement en cause (l'Église universelle, les épiscopats nationaux, les Églises particulières, etc.).

En second lieu, la mise en relation entre jugement

historique et jugement théologique doit tenir compte du fait que, pour l'interprétation de la foi, *le lien entre le passé et le présent* n'est pas seulement motivé par l'intérêt actuel et la commune appartenance de tout être humain à l'histoire et à l'expression de ses médiations ; il se fonde aussi sur l'action unificatrice de l'Esprit de Dieu et sur l'identité permanente du principe constitutif des croyants, qui est la révélation. L'Église, en vertu de la communion produite en elle par l'Esprit du Christ dans le temps et l'espace, ne peut pas ne pas se reconnaître dans son principe surnaturel, présent et opérant en tous les temps, comme sujet d'une certaine manière unique, appelé à correspondre au don de Dieu, dans des formes et des situations diverses, à travers les choix de ses fils, malgré les manquements qui peuvent les avoir caractérisés. La communion dans l'unique Esprit saint fonde aussi de manière diachronique une communion des « saints », en vertu de laquelle les baptisés d'aujourd'hui se sentent liés aux baptisés d'hier. De même qu'ils bénéficient de leurs mérites et se nourrissent de leur témoignage de sainteté, ils sentent aussi le devoir d'assumer le poids actuel de leurs fautes, après avoir opéré un discernement attentif historique et théologique.

Grâce à ce fondement objectif et transcendant de la communion du peuple de Dieu dans ses diverses situations historiques, l'interprétation croyante reconnaît au passé de l'Église une signification toute particulière pour aujourd'hui : la rencontre avec ce passé, qui se produit dans l'acte de son interprétation, peut se révéler chargée de valeurs particulières pour le présent, riche d'une efficacité « performante » qui n'est pas toujours calculable au préalable. Naturellement, la proximité très forte de l'horizon herméneutique et du sujet ecclésial qui interprète expose plus facilement le regard théologique au risque de céder à des lectures apologétiques ou instrumentales : c'est ici que l'exercice herméneutique apte à comprendre les événements et les paroles du passé, et à mesurer la justesse de leur interprétation pour maintenant, est plus nécessaire que jamais. La lecture croyante se servira pour de telles fins de toutes les contributions possibles offertes par les sciences historiques et les méthodes d'interprétation. Cependant, l'exercice de l'herméneutique historique ne devra pas empêcher l'évaluation par la foi qui interpelle les textes selon sa spécificité propre ; donc opérer une interaction du présent et du passé, dans la conscience de l'unité foncière du sujet ecclésial impliqué. Cela met en garde contre tout historicisme qui relativise le poids des fautes passées et considère que l'histoire peut tout justifier. Comme le fait observer Jean-Paul II, « un jugement historique correct ne peut pas faire abstraction d'une considération attentive des conditionnements culturels du moment [...] Mais la considération des circonstances atténuantes n'exonère pas l'Église du devoir de se repentir profondément pour les faiblesses de tant de ses fils[1]. » L'Église, en somme, « ne redoute pas la vérité qui émerge de l'histoire et elle est prête à reconnaître les erreurs là où elles sont assurées ; surtout quand il s'agit du res-

1. TMA, 35.

pect dû aux personnes et aux communautés. Elle incline à se méfier des sentences généralisées d'absolution ou de condamnation à l'égard des différentes époques de l'histoire. Elle confie l'enquête sur le passé à une reconstruction scientifique patiente et honnête, libre de préjugés de type confessionnel ou idéologique, soit pour ce qui concerne les imputations qui lui sont faites, soit pour les torts qu'elle a subis[1]. » Les exemples présentés au chapitre suivant le démontreront de manière concrète.

1. JEAN-PAUL II, *Discours* du 1er septembre 1999, dans *L'Osservatore Romano* 2, septembre 1999, p. 4.

5

DISCERNEMENT ÉTHIQUE

Pour que l'Église fasse un examen de conscience historique approprié devant Dieu, en vue de son propre renouvellement intérieur et de l'accroissement de la grâce et de la sainteté en elle, il est nécessaire qu'elle sache reconnaître les « formes de contre-témoignage et de scandale » qui se sont présentées dans son histoire, en particulier durant le dernier millénaire. Il n'est pas possible de remplir une telle tâche sans être conscient de son implication morale et spirituelle. Cela exige de définir certains termes clés, et de formuler certaines précisions sur le plan éthique.

Quelques critères éthiques.

Sur le plan moral, la demande de pardon suppose que soit admise une *responsabilité,* plus précisément la responsabilité d'une faute commise contre les autres. La *responsabilité morale* se réfère habituellement à la relation entre une action et la personne qui l'accomplit : celle-ci établit de qui relève l'acte, et l'attribue à une personne donnée ou à plusieurs personnes. La responsabilité peut être *objective* ou *subjective* : la première se rapporte à la valeur morale de l'acte bon ou mauvais en lui-même, donc à l'imputation de l'action ; la seconde concerne la perception, de la part de conscience individuelle, de la bonté ou de la malice de l'acte accompli. La responsabilité subjective disparaît à la mort de celui qui a accompli l'acte ; elle ne se transmet pas par génération ; les descendants n'héritent donc pas de la responsabilité (subjective) des actes de leurs ancêtres. En ce sens, demander *pardon* suppose une contemporanéité entre ceux qui sont offensés par une action et ceux qui l'ont accomplie. La seule responsabilité susceptible de se prolonger dans l'histoire ne peut être que de type objectif. On peut y adhérer librement, au moins subjectivement. C'est ainsi que le mal survit souvent à celui qui l'a fait, à travers les conséquences des comportements ; ceux-ci peuvent devenir un fardeau pesant sur la conscience et la mémoire des descendants.

Dans ce contexte, on peut parler d'une *solidarité* qui unit le passé et le présent en un rapport de réciprocité. Dans certaines situations, le poids qui pèse sur la conscience peut être si lourd qu'il constitue une sorte de mémoire morale et religieuse du mal perpétré ; par nature, il s'agit d'une *mémoire collective*. De manière significative, elle témoigne de la solidarité objective entre ceux qui ont commis ce mal dans leur passé et leurs héritiers du temps présent. C'est alors qu'il devient possible de parler d'une *responsabilité commune objective*. On se libère du poids d'une telle responsabilité en implorant avant tout le pardon de Dieu pour les fautes du passé, et donc, quand c'est le cas, à travers la « purification de la mémoire » qui culmine dans le pardon réciproque des péchés et des offenses au temps présent.

Purifier la mémoire signifie éliminer de la conscience personnelle et collective toutes les formes de ressentiment et de violence laissées par l'héritage du passé, sur la base d'un nouveau et rigoureux jugement historico-théologique, lui-même fondement d'un comportement moral rénové. Cela advient toutes les fois que l'on réussit à attribuer à des actes historiques passés une qualité différente impliquant une nouvelle incidence sur le présent. Son but est de promouvoir la réconciliation dans la vérité, la justice et la charité entre les êtres humains, en particulier entre l'Église et les différentes communautés religieuses, culturelles ou civiles avec lesquelles elle est en relation. Parmi les exemples emblématiques de cette incidence sur toute la vie de l'Église, à la suite d'une interprétation réévaluée, on peut citer la réception des conciles ou des actes comme la levée d'anathèmes réciproques. Ces actes expriment, en effet, une qualification nouvelle de l'histoire passée capable de conférer un caractère différent aux relations vécues dans le présent. La mémoire de la division et de l'opposition est purifiée et remplacée par une mémoire réconciliée. Tous, dans l'Église, sont invités à s'ouvrir à elle et à se laisser éduquer par elle.

La combinaison du jugement historique et du jugement théologique dans le processus d'interprétation du passé rejoint ici les répercussions éthiques qu'elle peut avoir sur le présent ; certains critères de nature morale se dégagent de la fonction herméneutique du rapport entre jugement historique et jugement théologique. Mentionnons-les :

a. Le principe de la conscience. La conscience, aussi bien comme « jugement moral » que comme « impératif moral », constitue l'appréciation ultime d'un acte, qualifié de bon ou de mauvais devant Dieu. En effet, seul Dieu connaît la valeur morale de chaque acte humain, même si l'Église, comme Jésus, peut et doit classer, juger et parfois condamner certains types d'action (voir Mt 18, 15-18).

b. Le principe de l'historicité. Dans la mesure précisément où chaque acte humain appartient à celui qui le pose, la conscience individuelle et la société opèrent leurs choix et agissent à l'intérieur d'un horizon déterminé de temps et d'espace. Aussi, pour comprendre vraiment les actes humains et les dynamiques qui leur sont liées, nous devrions entrer dans le monde propre de leurs agents ; ce n'est que par là que nous pourrions arriver à connaître leurs motivations et leurs principes moraux. Et cela, sans préjudice de la solidarité qui lie les membres d'une communauté donnée à travers le déroulement du temps.

c. Le principe du changement de « paradigme ». Avant l'avènement des Lumières, il existait une sorte d'osmose entre Église et État, foi et culture, moralité et loi. À partir du XVIIIe siècle, cette relation a été notablement modifiée. Le résultat en a été le passage d'une société sacralisée à une société pluraliste ou, comme il est advenu en certains cas, à une société séculière : les modèles de pensée et d'action, ce qu'on appelle les « paradigmes » d'action et d'évaluation, ont changé. Une telle transition a un impact direct sur les jugements moraux, même si cette influence ne justifie en aucune manière la relativisation des principes moraux ou la nature de la morale elle-même.

Le processus entier de purification de la mémoire, en ce qu'il requiert une combinaison correcte de l'évaluation historique et du regard théologique, doit être vécu par les fils de l'Église, non seulement avec une rigueur tenant compte des critères et des principes indiqués, mais aussi en invoquant l'assistance de l'Esprit saint, afin de ne pas tomber dans le ressentiment ou l'autoflagellation ; il s'agit de parvenir à confesser le Dieu dont « la miséricorde va de génération en génération » (Lc 1, 50), qui désire la vie et non la mort, le pardon et non la condamnation, l'amour et non la crainte. Il faut ici mettre en évidence le caractère d'*exemplarité* que le fait d'admettre honnêtement les fautes passées peut exercer sur les mentalités, dans l'Église et dans la société civile. Cela demande un engagement renouvelé d'obéissance à la Vérité et, par conséquent, de respect pour la dignité et les droits des autres, surtout des plus faibles. En ce sens, les nombreuses demandes de pardon formulées par Jean-Paul II constituent un exemple qui met en évidence un bien et en stimule l'imitation, en appelant les individus et les peuples à un examen de conscience honnête et fructueux, en vue de tracer des chemins de réconciliation.

À la lumière de ces éclaircissements sur le plan éthique, on peut maintenant approfondir quelques exemples – parmi ceux mentionnés par *Tertio millennio adveniente*[1] – impliquant des situations où le comportement des fils de l'Église semble avoir été en contradiction avec l'Église de Jésus-Christ de manière notable.

La division des chrétiens.

L'unité est la loi de la vie du Dieu trinitaire, révélée au monde par son Fils (voir Jn 17, 21). Dans la force de l'Esprit saint et en aimant jusqu'au bout (Jn 13, 1), celui-ci communique cette vie aux siens. Cette unité devra être la source et la forme de communion de la vie de l'humanité avec le Dieu trine. Si les chrétiens vivent cette loi d'amour réciproque au point d'être un « comme le Père et le Fils sont un », il en résultera que « le monde croira que le Fils a été envoyé par le Père » (Jn 17, 21) et que « tous sauront qu'ils sont ses disciples » (Jn 13, 35).

Malheureusement il n'en a pas été ainsi, surtout au cours du millénaire qui s'achève : de grandes divisions sont apparues entre chrétiens, en contradiction ouverte avec la volonté explicite du Christ, comme si lui-même avait été divisé (voir 1 Co 1, 13). Rappelons le jugement du concile Vatican II : « Une telle division s'oppose ouvertement à la volonté du Christ. Elle est pour le monde un objet de scandale et elle fait obstacle à la plus sainte des causes : la prédication de l'Évangile à toute créature[2]. »

1. Voir TMA, 34-36.
2. *Unitatis redintegratio*, 2.

Les principales scissions qui, durant le millénaire écoulé, « ont porté atteinte à la tunique sans couture du Christ[1] », sont le schisme entre les Églises d'Orient et d'Occident, au début de ce millénaire, puis, en Occident – quatre siècles après –, le déchirement causé par les événements « que l'on a coutume d'appeler la Réforme[2] ». Il est vrai que « ces diverses séparations diffèrent beaucoup entre elles, non seulement en raison de leur origine, des lieux et des temps, mais surtout de la nature et de la gravité des questions liées à la foi et à la structure de l'Église[3] ». Dans le schisme du XIe siècle, des facteurs culturels et historiques ont joué un rôle important ; l'aspect doctrinal concernant l'autorité de l'Église et de l'évêque de Rome n'avait pas atteint à cette époque le degré de clarté qui est le sien aujourd'hui, grâce au développement doctrinal de tout un millénaire. Avec la Réforme, au contraire, des pans entiers de la révélation et de la doctrine furent soumis à controverse.

Le chemin ouvert pour dépasser ces différences est celui du dialogue doctrinal, animé par un amour réciproque. Les déchirements semblent avoir consisté en un manque d'amour surnaturel, commun aux deux parties, un manque d'*agapè*. Du moment que la charité est le commandement suprême de l'Évangile, sans lequel tout le reste n'est qu'« airain qui sonne ou

1. *Ibid.*, 13, TMA, 34, dit que « encore plus que dans le premier millénaire, la communion ecclésiale a connu des déchirements douloureux ».
2. *Unitatis redintegratio,* 13.
3. *Ibid.*

cymbale qui retentit » (1 Co 13, 1), cette absence doit être examinée avec le plus grand sérieux devant le Ressuscité, Seigneur de l'Église et de l'histoire. C'est en reconnaissant ce manque que le pape Paul VI a demandé pardon à Dieu et aux « frères séparés » qui se sentiraient offensés « par nous » (l'Église catholique)[1].

En 1965, dans le climat du concile Vatican II, le patriarche Athénagoras, a mis en relief dans son dialogue avec Paul VI le thème de la restauration *(apokatastasis)* de l'amour réciproque, essentiel à la suite d'une histoire si lourde d'oppositions, de méfiance réciproque et d'antagonismes[2]. Ce qui était en jeu, c'était un passé encore présent dans les mémoires : les événements de 1965 (culminant le 7 décembre 1965 avec l'abolition des anathèmes de 1054 entre l'Orient et l'Occident) montrent que l'aveu de cette faute qu'ont représentée les exclusions réciproques peut purifier la mémoire et en susciter une nouvelle. Le fondement de cette *nouvelle mémoire* ne peut être que l'amour réciproque ou, mieux, l'engagement renouvelé à le vivre. C'est le commandement *ante omnia* (1 P 4, 8) pour l'Église, en Orient comme en Occident. De la sorte, la mémoire se libère de la prison du passé et invite les catholiques et les orthodoxes, ainsi que les catholiques et les protestants, à

1. Discours d'ouverture de la seconde session du Concile, le 29 septembre 1964 : *Enchiridion Vaticanum* 1 (106), n° 176.

2. Voir la documentation du dialogue de la charité entre le Saint-Siège et le Patriarcat œcuménique de Constantinople dans *Tomos Agapes : Vatican-Phanar (1958-1970)*, Rome-Istanbul, 1971.

être les architectes d'un avenir plus conforme au commandement nouveau. Le témoignage rendu à cette mémoire nouvelle par le pape Paul VI et par le patriarche Athénagoras est, en ce sens, exemplaire.

La tentation de se laisser guider ou même déterminer par des facteurs culturels, des conditionnements historiques ou des préjugés, qui alimentent la séparation et la méfiance réciproque entre chrétiens, peut se révéler particulièrement importante sur le chemin de l'unité entre chrétiens, même si ceux-ci n'ont rien à voir avec la foi. Les fils de l'Église doivent examiner leur conscience avec sérieux, pour voir s'ils sont activement engagés dans l'obéissance à l'impératif de l'unité, et s'ils vivent « la conversion intérieure », « puisque le désir de l'unité naît et mûrit par le renouvellement de l'esprit, l'abnégation de soi-même et l'effusion la plus libre de la charité[1] ». Au cours du temps écoulé entre la fin du Concile et aujourd'hui, la résistance que l'on a opposée à son message a certainement attristé l'Esprit de Dieu (Ep 4, 30). Dans la mesure où certains catholiques se complaisent à demeurer liés aux séparations du passé, en ne faisant rien pour écarter les obstacles à l'unité, on pourrait parler, à juste titre, de solidarité dans le péché de division (1 Co 1, 10-16). On pourrait dans ce contexte rappeler ces mots du *Décret sur l'œcuménisme* : « Par une humble prière, nous devons demander pardon à Dieu et aux frères séparés, de même que nous pardonnons à ceux qui nous ont offensés[2]. »

1. *Unitatis redintegratio,* 7.
2. *Ibid.*

L'usage de la violence au service de la vérité.

Il faut ajouter au contre-témoignage de la division entre chrétiens celui des diverses occasions où, au cours du millénaire passé, ont été utilisés des moyens douteux pour obtenir des fins justes, telles que la prédication de l'Évangile ou la défense de l'unité de la foi : « Un autre chapitre douloureux sur lequel les fils de l'Église ne peuvent pas ne pas revenir, en esprit de repentir : le consentement donné, surtout en certains siècles, à *des méthodes d'intolérance et même de violence* dans le service de la vérité[1]. » Nous faisons allusion aux formes d'évangélisation qui ont utilisé des instruments impropres pour annoncer la vérité révélée, ou qui n'ont pas opéré un discernement évangélique adapté aux valeurs culturelles des peuples, ou qui n'ont pas respecté les consciences des personnes à qui la foi était présentée, ainsi qu'aux formes de violence exercées dans la répression et la correction des erreurs.

On doit réserver une attention analogue aux omissions possibles dont les fils de l'Église se seraient rendus responsables dans diverses situations, à propos de la dénonciation des injustices et des violences : « Il y a aussi le manque de discernement de nombreux chrétiens face aux situations de violation des droits humains fondamentaux. La demande de pardon vaut aussi pour tout ce qui a été omis ou tu, par faiblesse ou évaluation erronée,

1. TMA, 35.

pour ce qui a été fait ou dit de manière incertaine ou peu adaptée[1]. »

Comme toujours, il est décisif d'établir la vérité historique au moyen de la recherche historico-critique. Une fois les faits établis, il sera nécessaire d'évaluer leur valeur spirituelle et morale, ainsi que leur signification réelle. De cette manière seulement, il sera possible d'éviter toute mémoire mythique et de parvenir à une mémoire critique adéquate, capable – à la lumière de la foi – de produire des fruits de conversion et de renouveau. « Des traits douloureux du passé émerge une leçon pour l'avenir ; elle doit conduire chaque chrétien à tenir fermement la règle d'or dictée par le Concile : "La vérité ne s'impose qu'en vertu de la vérité elle-même ; elle pénètre dans les esprits avec suavité et avec vigueur tout à la fois"[2]. »

Chrétiens et juifs.

L'un des domaines qui exige un examen de conscience particulier est le rapport entre chrétiens et juifs[3]. La relation de l'Église avec le peuple juif est différente de celle entretenue avec toute autre reli-

1. JEAN-PAUL II, *Discours* du 1er septembre 1999, *L'Osservatore Romano,* 2 septembre 1999, p. 4.

2. TMA, 35. La citation de Vatican II est tirée de *Dignitatis humanae,* 1.

3. Le sujet est traité avec rigueur dans la déclaration *Nostra aetate,* de Vatican II.

gion[1]. Pourtant, « l'histoire des relations entre juifs et chrétiens est une histoire tourmentée [...] En effet, le bilan de ces relations pendant deux millénaires a été plutôt négatif[2]. » L'hostilité ou la défiance de nombreux chrétiens envers les juifs, au cours des temps, est un fait historique douloureux, cause d'un profond regret de la part de chrétiens conscients que « Jésus était un descendant de David ; que c'est du peuple juif que naquirent la Vierge Marie et les Apôtres ; que l'Église tire sa nourriture des racines de ce bon olivier sur lequel ont été greffés les rameaux de l'olivier sauvage des Gentils (voir Rm 11, 17-24) ; que les juifs sont nos frères chers et aimés, et que, en un certain sens, ils sont vraiment "nos frères aînés"[3]. »

La Shoah fut certes le résultat d'une idéologie païenne, le nazisme, animée d'un antisémitisme sans pitié, qui non seulement méprisait la foi, mais niait aussi la dignité même du peuple juif. Cependant « il faut aussi nous demander si la persécution du nazisme envers les juifs n'a pas été facilitée par les préjugés antijuifs, présents dans les esprits et les cœurs de certains chrétiens [...]. Les chrétiens ont-ils offert toute l'aide possible aux persécutés et, en particulier, aux juifs[4] ? » Il y eut, sans aucun doute, beaucoup

1. JEAN-PAUL II, *Discorso alla Sinagoga di Roma,* 13 avril 1986, 4 : AAS 78 (1986), 1120.

2. C'est l'avis du récent document de la COMMISSION POUR LES RELATIONS RELIGIEUSES AVEC LE JUDAÏSME, *Noi ricordiamo : una riflessione sulla Shoah,* Rome, 16 mars 1998, p. 3.

3. *Ibid.,* 7.

4. *Ibid.,* 5.

de chrétiens qui risquèrent leur vie pour sauver et prêter assistance aux juifs de leur connaissance. Mais il semble également vrai « qu'à côté de tels hommes et femmes courageux, la résistance spirituelle et l'action concrète des autres chrétiens n'a pas été celle que l'on aurait pu attendre de disciples du Christ[1] ». Ce fait constitue un appel à la conscience de tous les chrétiens d'aujourd'hui ; il exige un « acte de repentir » *(teshuva)*[2], et devient un éperon pour que soient redoublés les efforts en vue d'être « transformés par un renouvellement de l'intelligence » (Rm 12, 2) et que soit maintenue la « mémoire morale et religieuse » de la blessure infligée aux juifs. Dans ce domaine, tout ce qui a déjà été fait pourra être confirmé et approfondi.

Notre responsabilité dans les maux d'aujourd'hui.

« L'époque actuelle, à côté de nombreuses zones de lumière, présente aussi beaucoup d'ombres[3]. » Parmi celles-ci, il faut signaler, en premier lieu, le phénomène de la négation de Dieu sous de nombreuses formes. Ce qui frappe particulièrement, c'est que cette négation, surtout en ses aspects les plus théoriques, est un processus qui a émergé dans le monde occidental. Liée à cette éclipse de Dieu, s'en est suivie une série de phénomènes négatifs, comme l'indifférence religieuse, l'absence diffuse du sens de

1. *Ibid.,* 6.
2. *Ibid.,* 5.
3. TMA, 36.

la transcendance de la vie humaine, un climat de sécularisme et de relativisme éthique, la négation du droit à la vie de l'enfant à naître, sanctionnée par les lois abortives, et une large indifférence aux cris des pauvres venant de secteurs entiers de la famille humaine.

Dans quelle mesure les croyants sont-ils eux-mêmes responsables de ces formes d'athéisme théorique et pratique ? Cette question inquiétante doit être posée. *Gaudium et spes* y répond avec des mots soigneusement choisis : « Les croyants eux-mêmes portent souvent à cet égard une certaine responsabilité. Car l'athéisme, considéré dans son ensemble, ne trouve pas son origine en lui-même ; il la trouve en diverses causes, parmi lesquelles il faut compter une réaction critique en face des religions et spécialement, en certaines régions, en face de la religion chrétienne. C'est pourquoi, dans cette genèse de l'athéisme, les croyants peuvent avoir une part qui n'est pas mince[1]. »

Du moment que le visage authentique de Dieu a été révélé en Jésus-Christ, la grâce incommensurable de connaître ce visage est offerte aux chrétiens : mais ils ont reçu aussi la *responsabilité* de vivre de manière à manifester aux autres le vrai visage du Dieu vivant. Ils sont appelés à irradier dans le monde la vérité que « Dieu est amour *(agapè)* » (1 Jn 4, 8.16). Si Dieu est amour, il est aussi Trinité des Personnes, dont la vie consiste en une communication infinie et réciproque dans l'amour. La voie la meilleure donc

1. *Gaudium et spes,* 19.

pour que les chrétiens irradient la vérité du Dieu amour, c'est l'amour réciproque. « À ceci tous reconnaîtront que vous êtes mes disciples : si vous avez de l'amour les uns pour les autres » (Jn 13, 35). Au point que l'on a pu dire que souvent les chrétiens « par la négligence dans l'éducation de leur foi, par des présentations trompeuses de la doctrine, et aussi par des défaillances de leur vie religieuse, morale et sociale, voilent l'authentique visage de Dieu et de la religion plus qu'ils ne le révèlent[1] ».

Il faut enfin souligner que mentionner les fautes des chrétiens du passé ne revient pas seulement à les confesser au Christ Sauveur, mais aussi à louer le Seigneur de l'histoire pour son amour miséricordieux. En effet, les chrétiens ne se contentent pas de croire à l'existence du péché, ils croient encore et surtout au « pardon des péchés ». En outre, rappeler ces fautes veut dire aussi accepter notre solidarité avec ceux qui, dans le bien et dans le mal, nous ont précédés sur le chemin de la vérité, offrir au temps présent un motif fort de conversion aux exigences de l'Évangile, et poser un préalable nécessaire à la demande de pardon à Dieu qui ouvre la voie à la réconciliation réciproque.

1. *Ibid.*

6

PERSPECTIVES PASTORALES ET MISSIONNAIRES

À la lumière des considérations qui viennent d'être faites, il est possible dès lors de se demander : quelles sont les finalités pastorales en vue desquelles l'Église prend en charge les fautes commises par ses fils dans le passé et en fait amende ? Quelles en sont les implications pour la vie du peuple de Dieu ? Quelles répercussions sur la mission de l'Église et son dialogue avec les cultures et religions ?

Les finalités pastorales.

Parmi les multiples finalités pastorales qu'entraîne la reconnaissance des fautes du passé, on peut mettre en évidence les suivantes :

– En premier lieu, ces actes tendent à *la purification de la mémoire*. Comme on l'a dit, c'est le processus d'une évaluation renouvelée du passé qui peut avoir des incidences non négligeables sur le présent. Les péchés passés, en effet, font souvent ressentir encore leur poids ; ils demeurent comme autant de tentations pour aujourd'hui. Si il est mûri dans le dialogue et la recherche patiente de réciprocité avec ceux qui pourraient se sentir offensés par des événements ou des paroles du passé, le fait d'ôter à la mémoire personnelle et collective toute cause de ressentiment pour le mal subi, et toute influence négative de ces actes, peut contribuer à faire grandir la communauté ecclésiale dans la sainteté, à travers le chemin de la réconciliation et de la paix, dans la sujétion à la vérité. « Reconnaître les faiblesses d'hier, souligne le pape, est un acte de loyauté et de courage qui nous aide à renforcer notre foi et nous rend plus avertis et prêts à affronter les tentations et les difficultés d'aujourd'hui[1]. » Il est bon, dans ce but, que la mémoire de la faute inclue tous les manquements possibles qui ont été commis, même si certains d'entre eux seulement sont plus fréquemment mentionnés aujourd'hui. En aucun cas, il ne faudra oublier le prix payé par beaucoup de chrétiens pour leur fidélité à l'Évangile, et au service du prochain dans la charité[2].

– Une deuxième finalité pastorale, étroitement liée à la précédente, consiste en la mise en œuvre de la *réforme permanente du peuple de Dieu*. « De sorte que s'il arrive, par suite des circonstances, que dans les mœurs, la discipline ecclésiastique, ou même dans la manière d'énoncer la doctrine (qu'il faut distinguer

1. TMA, 33.
2. Que l'on pense seulement au signe du martyre : voir TMA, 37.

avec soin du dépôt de la foi) de telles choses n'aient pas été observées attentivement, il faut les remettre en vigueur en temps opportun avec la droiture qui convient[1]. » Tous les baptisés sont appelés à « examiner leur fidélité à la volonté du Christ relative à l'Église et à entreprendre avec vigueur un effort soutenu de renouvellement et de réforme[2] ». Le critère de la vraie réforme et du renouveau authentique ne peut être que la fidélité à la volonté de Dieu à l'égard de son peuple[3], ce qui suppose un effort sincère pour se libérer de tout ce qui s'éloigne d'elle, qu'il s'agisse de fautes présentes ou de l'héritage du passé.

– Une autre finalité peut consister dans le *témoignage* que l'Église rend au Dieu de miséricorde et à sa vérité qui libère et qui sauve, à partir de l'expérience qu'elle a faite de lui dans l'histoire, et dans le *service* qu'elle rend à l'humanité pour surmonter les maux du présent. Jean-Paul II affirme qu'« un sérieux examen de conscience a été souhaité par beaucoup de cardinaux et d'évêques, en ce qui regarde surtout l'*Église d'aujourd'hui*. Au seuil du nouveau millénaire, les chrétiens doivent se tenir humblement devant le Seigneur pour s'interroger *sur les responsabilités qu'ils ont eux aussi au regard des maux de*

1. *Unitatis redintegratio,* 6. Le même texte affirme que « l'Église, au cours de son pèlerinage, est appelée par le Christ à cette réforme permanente *(ad hanc perennem reformationem)* dont elle a perpétuellement besoin en tant qu'institution humaine et terrestre ».

2. *« Opus renovationis nec non reformationis »* (*ibid.,* 4).

3. *Ibid.,* 6 : « Toute rénovation de l'Église consiste essentiellement dans une fidélité grandissante à sa vocation. »

notre temps[1] », afin de les surmonter dans l'obéissance à la splendeur de la Vérité qui sauve.

Les implications ecclésiales.

Quelles implications un acte de demande de pardon ecclésial revêt-il pour la vie même de l'Église ? Plusieurs aspects ressortent :

– Il faut tenir compte avant tout des processus de réception divers qu'impliquent ces actes de repentir ecclésial, car ils varient selon les contextes religieux, culturels, politiques, sociaux, personnels, etc. Il faut considérer, dans cette optique, que des événements ou des paroles liés à des contextes historiques n'ont pas forcément une portée universelle, et réciproquement, que des actes conditionnés par une perspective théologique et pastorale déterminée ont comporté des conséquences de grand poids pour la diffusion de l'Évangile (que l'on songe, par exemple, aux différents modèles historiques de la théologie de la mission). Il faut aussi évaluer le rapport entre les bénéfices spirituels et les coûts possibles de tels actes, en tenant compte des accents indus que les médias peuvent mettre sur certains aspects des déclarations ecclésiales. Se rappeler, en l'occurrence, l'admonition de l'apôtre Paul demandant d'accueillir, de considérer et de soutenir avec prudence et amour les « faibles dans la foi » (voir Rm 14, 1). Prêter attention, en particulier, à l'histoire, à l'identité et aux contextes

1. TMA, 36.

des Églises orientales et des Églises établies dans des continents ou des pays où la présence chrétienne est largement minoritaire.

– On précisera également *quel est le sujet* appelé à se prononcer sur les fautes du passé, qu'il s'agisse de pasteurs locaux, considérés individuellement ou collégialement, ou du Pasteur universel, l'Évêque de Rome. Dans cette perspective, il est opportun de tenir compte, dans la reconnaissance des fautes passées et des référents actuels qui pourraient en porter la charge, de la distinction entre le Magistère et l'autorité dans l'Église. Tout acte d'autorité n'a pas valeur magistérielle. Un comportement contraire à l'Évangile, posé par une ou plusieurs personnes revêtues d'autorité, n'implique pas pour autant une intervention du charisme magistériel, promis par le Seigneur aux pasteurs de l'Église. Il n'entraîne, par conséquent, aucun acte magistériel de réparation.

– On soulignera enfin que *le destinataire* de toute demande de pardon est Dieu. Les destinataires humains éventuels, surtout pris collectivement, à l'intérieur ou hors de la communauté ecclésiale, sont à identifier avec le discernement historique et théologique nécessaire, soit pour accomplir les actes de réparation qui conviennent, soit pour témoigner à leur égard de la bonne volonté et de l'amour de la vérité des fils de l'Église. Cela se fera d'autant mieux qu'il y aura dialogue et réciprocité entre les parties sur le chemin de la réconciliation éventuelle, liée à la reconnaissance des fautes et au repentir exprimé à leur sujet. Sans ignorer toutefois que la réciprocité, parfois impossible en raison des convictions religieuses de l'interlocuteur, ne peut être considérée comme condition indispensable. La gratuité de l'amour s'exprime souvent par une initiative unilatérale.

– Les gestes éventuels de *réparation* sont liés à la reconnaissance d'une responsabilité qui persiste dans le temps ; ils pourront avoir un caractère symbolico-prophétique, autant qu'une valeur de réconciliation effective (par exemple, entre les chrétiens divisés). Même dans la définition de ces actes, une recherche commune avec leurs éventuels destinataires est souhaitable, car ces derniers peuvent présenter des requêtes légitimes.

– Sur le plan *pédagogique,* il est opportun d'éviter de perpétuer les images négatives de l'autre, ou d'activer des processus d'autoculpabilisation indue ; on soulignera à cet égard comment, pour celui qui croit, se charger des fautes passées est une sorte de participation au mystère du Christ crucifié et ressuscité, qui s'est chargé des fautes de tous. Cette perspective pascale se révèle particulièrement adaptée pour produire des fruits de libération, de réconciliation et de joie pour tous ceux qui, dans une foi vivante, sont impliqués dans la demande de pardon, comme sujets ou comme destinataires.

Les implications sur le plan du dialogue et de la mission.

À la suite d'une reconnaissance ecclésiale des fautes du passé, les implications prévisibles sur le plan du dialogue et de la mission peuvent être de diverses sortes :

– Sur le plan *missionnaire,* il faut avant tout éviter que de tels actes contribuent à inhiber l'élan de l'évangélisation en exagérant les aspects négatifs. On ne doit pas moins tenir compte que ces mêmes actes pourront faire croître la crédibilité du message, dans la mesure où ils proviennent de l'obéissance à la vérité et ont pour objet des fruits effectifs de réconciliation. Les missionnaires *ad gentes,* en particulier, auront soin de situer dans son contexte la proposition de ces thèmes, de la mettre en relation avec la capacité effective de leur réception dans les milieux où ils se trouvent (par exemple, les aspects de l'histoire de l'Église en Europe pourront sembler peu significatifs pour beaucoup de peuples non européens).

– Sur le plan *œcuménique,* la finalité des éventuels actes ecclésiaux de repentir ne peut être que l'unité voulue par le Seigneur. Dans cette perspective, il est d'autant plus souhaitable qu'ils s'accomplissent dans la réciprocité, même si parfois des gestes prophétiques pourront requérir une initiative unilatérale, absolument gratuite.

– Sur le plan *interreligieux,* il faut souligner combien, pour ceux qui croient au Christ, la reconnaissance des fautes passées est conforme aux exigences de la fidélité à l'Évangile et constitue donc un témoignage lumineux de leur foi en la vérité et la miséricorde du Dieu révélé par Jésus. Ce qu'il faut éviter, c'est que de tels actes soient interprétés comme confirmant des préjugés à l'égard du christianisme. Il serait de plus souhaitable que ces actes de repentir incitent également les fidèles des autres religions à reconnaître les fautes de leur propre passé. Étant donné que l'histoire de l'humanité est remplie de violences, de génocides, de violations des droits de l'homme et des peuples, d'exploitation des faibles et de divinisation des puissants, celle des diverses religions est également entachée d'intolérance, de superstition, de connivence avec les pouvoirs injustes et de négation de la dignité et de la liberté des consciences. Les chrétiens n'ont pas été une exception et ils sont bien conscients que tout le monde est pécheur devant Dieu !

– Dans le dialogue avec *les cultures*, il convient de garder présentes à l'esprit la complexité et la pluralité des mentalités avec lesquelles on dialogue envers les notions de repentir et de pardon. Dans chaque cas, la prise en compte des fautes passées par l'Église est à clarifier à la lumière du message évangélique et, en particulier, par la présentation du Seigneur crucifié, révélation de la miséricorde et source de pardon, ainsi que de la nature particulière de la communion ecclésiale, une dans le temps et dans l'espace. Là où une culture se montre tout à fait étrangère à l'idée d'une demande de pardon, les raisons théologiques et spirituelles qui motivent cet acte sont à présenter avec opportunité, en tenant compte de son caractère critique et prophétique. Là où l'on se heurte au préjugé de l'indifférence envers la parole de foi, qu'on tienne compte du double effet possible de ces actes de repentir : d'une part, ils peuvent confirmer les préjugés négatifs ou des attitudes de mépris et d'hostilité ; de l'autre, ils participent à l'attirance mystérieuse du « Dieu crucifié[1] ». Que l'on tienne compte, en outre,

1. La formule, particulièrement forte, est d'AUGUSTIN : *De*

que dans le contexte culturel actuel, en Occident surtout, l'invitation à la purification de la mémoire conduit à un engagement commun croyants et non-croyants. Ce travail commun constitue déjà un témoignage positif de docilité envers la vérité.

– En ce qui concerne *la société civile,* il convient de considérer la différence existant entre l'Église, mystère de grâce, et toute société temporelle, et de ne pas manquer de souligner le caractère d'exemplarité que peut présenter la demande ecclésiale de pardon, ainsi que la stimulation qui peut s'ensuivre pour accomplir des démarches analogues de purification de la mémoire et de réconciliation dans les situations les plus diverses où l'urgence se fait sentir. Jean-Paul II affirme : « La demande de pardon [...] regarde en premier lieu la vie de l'Église, sa mission d'annonce du salut, son témoignage envers le Christ, son engagement pour l'unité, dans une parole de cohérence avec l'existence chrétienne. Mais la lumière et la force de l'Évangile dont vit l'Église ont la capacité d'illuminer et de soutenir, comme par surabondance, les choix et les actions de la société civile dans le plein respect de leur autonomie [...]. Au seuil du troisième millénaire, il est légitime d'espérer que les responsables politiques et les peuples, surtout ceux qui se trouvent pris dans des conflits dramatiques, nourris de haine et du souvenir de blessures souvent anciennes, se laissent guider par l'esprit du pardon et de la récon-

Trinitate I, 13, 28 : CCL 50, 69, 13; *Epist.* 169, 2 : CSEL 344, 617; *Sermo* 341A, 1 : *Misc. Agost.* 314, 22.

ciliation dont témoigne l'Église et s'efforcent de résoudre leurs différends au moyen d'un dialogue loyal et ouvert[1]. »

1. JEAN-PAUL II, *Discours* aux participants du Symposium international sur l'étude de l'Inquisition, dirigé par la Commission théologico-historique du Comité central du Jubilé, 5, 31 octobre 1998.

Conclusion

Au terme de cette réflexion, soulignons encore une fois que toutes les formes de repentir pour les fautes du passé, et chacun des gestes qui leur sont liés dans l'Église, s'adressent avant tout à Dieu et entendent le glorifier, lui et sa miséricorde. C'est vraiment ainsi que l'Église pense célébrer la dignité de la personne humaine, appelée à la plénitude de la vie dans une alliance fidèle avec le Dieu vivant : « La gloire de Dieu, c'est l'homme vivant – la vie de l'homme, c'est la vision de Dieu[1]. » En agissant ainsi, l'Église témoigne aussi de sa confiance dans la vérité qui rend libre (voir Jn 8, 32). « Sa demande de pardon ne doit pas être comprise comme une affectation de feinte humilité, ni comme le reniement de son histoire bimillénaire, riche certainement de mérites dans les champs de la charité, de la culture et de la sainteté.

1. « *Gloria Dei vivens homo : vita autem hominis visio Dei* » (SAINT IRÉNÉE DE LYON, *Adversus Haereses* IV, 20, 7 ; SC 100, t. II, 648).

Au contraire, elle répond à une exigence de vérité à laquelle elle ne peut renoncer : à côté d'aspects positifs, elle reconnaît les limites et les faiblesses humaines des différentes générations des disciples du Christ[1]. » Reconnaître la vérité est source de réconciliation et de paix car, ainsi que l'affirme le pape, « l'amour de la vérité, recherchée avec humilité, est l'une des grandes valeurs capables de réunir les hommes d'aujourd'hui à travers les diverses cultures[2] ». En raison même de sa responsabilité envers la Vérité, l'Église « ne peut pas franchir le seuil du nouveau millénaire sans pousser ses fils à se purifier, dans le repentir, des erreurs, infidélités, incohérences, lenteurs. Reconnaître les faiblesses d'hier, c'est faire acte de loyauté et de courage[3] ». Ce qui ouvre un lendemain nouveau pour tous.

1. JEAN-PAUL II, *Discours* du 1er septembre 1999, dans *L'Osservatore Romano,* 2 septembre 1999, 4.

2. *Discorso al Centro Europeo per la ricerca nucleare,* Genève, 15 juin 1982, dans *Insegnamenti di Giovanni Paolo II,* V, 2, Vatican, 1982, 2321.

3. TMA, 33.

Table des matières

Dans la même série

COMMISSION THÉOLOGIQUE INTERNATIONALE, *Textes et documents* (1969-1989), préface par le cardinal Joseph Ratzinger, Paris, Éd. du Cerf, 1988.

–, *Dieu, la Bonne Nouvelle*, avant-propos par le P. Georges Colther, o.p., Paris, Éd. du Cerf, 1999.

Achevé d'imprimer en mars 2000
dans les ateliers de Normandie Roto Impression s.a.
N° d'édition : 11324
N° d'impression : 00-0429
Dépôt légal : mars 2000